Les politiques d'échanges de services dans une économie mondialisée

Merci de citer cet ouvrage comme suit :
OCDE (2018), *Les politiques d'échanges de services dans une économie mondialisée*, Éditions OCDE, Paris.
http://dx.doi.org/10.1787/9789264288065-fr

ISBN 978-92-64-28805-8 (imprimé)
ISBN 978-92-64-28806-5 (PDF)
ISBN 978-92-64-28807-2 (ePub)

Crédits photo : Illustration de la couverture © Jeffrey Fisher.

Les corrigenda des publications de l'OCDE sont disponibles sur : *www.oecd.org/about/publishing/corrigenda.htm*.

Avant-propos

Cet ouvrage fait la synthèse des travaux accomplis récemment par l'OCDE pour enregistrer, mesurer et analyser les politiques d'échanges de services et leurs incidences sur les importations et les exportations, les performances des secteurs de production manufacturière et de services et l'influence des restrictions des échanges de services sur les décisions et les résultats des entreprises présentes sur les marchés internationaux.

Lancé en 2014, l'Indice de restrictivité des échanges de services de l'OCDE (IRES) est un outil sans équivalent, fondé sur des données, qui donne des informations sur les réglementations visant les échanges de services dans 22 secteurs et dans les 35 pays de l'OCDE ainsi que l'Afrique du Sud, le Brésil, la République populaire de Chine, la Colombie, le Costa Rica, l'Inde, l'Indonésie, la Lituanie et la Fédération de Russie. Ces pays et secteurs représentent plus de 80 % des échanges de services dans le monde. L'IRES fournit des données complètes et comparables et des critères de référence par rapport aux bonnes pratiques mondiales.

*La base de données de l'IRES (*http://oe.cd/stri*), en répertoriant les conditions d'entrée sur les marchés étrangers avec un niveau de précision sans précédent, fournit des informations transparentes et d'accès facile sur les restrictions touchant l'entrée sur les marchés étrangers et le mouvement des personnes, les obstacles à la concurrence, la transparence des réglementations et les autres mesures discriminatoires qui entravent les échanges de services. Il s'agit donc d'un instrument de référence important pour les exportateurs et les prestataires de services internationaux, et d'une source de données pour les travaux universitaires consacrés aux facteurs qui favorisent ou entravent les échanges de services.*

Les données nouvelles présentées dans cet ouvrage visent à informer les responsables des politiques commerciales des effets probables des réformes unilatérales ou concertées et les aider à fixer les priorités de l'action publique. L'évaluation quantitative par l'OCDE des régimes réglementaires appliqués par secteur, par pays et dans le temps a ouvert de nouvelles possibilités d'analyse des politiques commerciales dans le domaine des services – domaine qui a longtemps souffert d'un manque de données et d'indicateurs comparables.

Il ressort de l'ensemble des résultats et des principales recommandations de ces travaux que les administrations nationales devraient envisager d'adopter des stratégies interministérielles pour exploiter les potentialités avérées de la coordination des politiques relatives aux échanges de services et des réformes de la réglementation et contribuer à ce que la mondialisation profite à tous. Nous espérons que cette publication et les outils contenus dans l'IRES viendront contribuer utilement à la compréhension des échanges de services, du rôle des services dans les chaînes de valeur mondiales et des politiques qui encadrent les marchés de services.

Remerciements

Les travaux sur lesquels repose cet ouvrage ont été réalisés sous l'égide du Comité des échanges de l'OCDE avec l'aide de son Groupe de travail. Les délégués et observateurs y ont contribué de façon significative par leurs vérifications et leurs commentaires sur la base de données de l'Indice de restrictivité des échanges de services (IRES) et ses mises à jour de 2015 et 2016, et par leurs débats sur les travaux synthétisés ici. Nous remercions la Banque nationale de Belgique, les services statistiques de Finlande, le Centre sur les services et les données de recherche de la Deutsche Bundesbank, la Banque d'Italie, le Bureau des statistiques nationales du Royaume-Uni, le Bureau d'analyse économique des États-Unis et le ministère de l'Économie du Japon pour le concours qu'ils ont apporté à l'analyse des micro-données, ainsi que Magnus Lodefalk qui nous a aidés à analyser les micro-données suédoises.

Cet ouvrage a été établi par Hildegunn Kyvik Nordås, Dorothée Rouzet, Sebastian Benz, Janos Ferencz, Frederic Gonzales, Massimo Geloso Grosso, Sébastien Miroudot et Francesca Spinelli sous la direction de John Drummond. Alison Burrell a participé à sa mise en page et Michèle Patterson a supervisé le processus de publication.

Les auteurs tiennent à remercier Ken Ash, Carmel Cahill et Bernard Hoekman de leurs précieuses observations et propositions, ainsi que Kaveri Bopiah pour son aide aux travaux de recherche sur les études de cas.

Table des matières

Graphiques

Abréviations et glossaire

ALE	Accord de libre-échange
AMP	Accord sur les marchés publics
APEC	Coopération économique Asie-Pacifique
B2B	Interentreprises
CVM	Chaînes de valeur mondiales
DPI	Droits de propriété intellectuelle
EMN	Entreprise multinationale
IDE	Investissement direct étranger
IdO	Internet des objets
KLEMS	Projet de l'UE centré sur l'analyse des apports en capital (K), main-d'œuvre (L), énergie (E), matériel (M) et services (S) au niveau des branches d'activité
MPME	Micro, petites et moyennes entreprises
OTT	*over-the-top* ; se rapporte aux contenus, services ou applications fournis à l'utilisateur final sur l'internet ouvert
PME	Petites et moyennes entreprises
PTF	Productivité totale des facteurs
SFIC	Services à forte intensité de connaissances
TI	Technologies de l'information
TIC	Technologies de l'information et de la communication
TVIP	Télévision IP

Résumé

Les services génèrent plus des deux tiers du produit intérieur brut (PIB) mondial, attirent plus des trois quarts de l'investissement direct étranger (IDE) dans les économies avancées, emploient la plus grande partie des travailleurs et créent la plupart des nouveaux emplois dans le monde. Pourtant, les obstacles aux échanges internationaux de services restent omniprésents, car les responsables nationaux qui prennent des mesures commerciales et réglementaires dans chaque secteur de services n'accordent souvent qu'une attention limitée aux effets qu'elles peuvent avoir à l'échelle de l'ensemble de l'économie.

Cet ouvrage fait la synthèse des travaux accomplis récemment par l'OCDE pour analyser les politiques qui s'appliquent aux échanges de services et mesurer leurs effets sur les importations et les exportations, les performances des secteurs manufacturier et de services, et l'influence des restrictions des échanges de services sur les décisions et les résultats des entreprises présentes sur les marchés internationaux. L'analyse met en évidence l'ampleur, la nature et l'incidence des coûts liés aux mesures restrictives qui touchent les échanges de services.

Principaux résultats

Des marchés de services ouverts et bien réglementés contribuent à rendre la mondialisation profitable à tous

Il est important de s'appuyer sur des marchés dynamiques portés par un vigoureux esprit d'entreprise pour s'assurer du caractère inclusif de la croissance économique. Ces conditions reposent sur un accès général aux réseaux, biens et services qui diffusent les connaissances dans le monde.

L'accès aux chaînes de valeur mondiales passe par l'ouverture des marchés de services

Des marchés de services ouverts et bien réglementés garantissent l'accès à l'information, aux compétences, à la technologie, aux financements et aux marchés dans une économie moderne où le numérique occupe une place grandissante. Les services intermédiaires réduisent les coûts, améliorent la qualité et rapprochent fournisseurs et clients dans le monde entier. Pour progresser dans la chaîne de valeur, il faut par conséquent disposer d'un secteur local de services aux entreprises ouvert aux idées, aux compétences et aux investissements des entreprises de pointe, où qu'elles se trouvent.

Les réformes des services stimulent les PME

De toute évidence, le coût des restrictions des échanges de services pèse de façon disproportionnée sur les petites et moyennes entreprises (PME). En outre, la coopération en matière de réglementation permettrait d'éviter au maximum la multiplication des coûts de mise en conformité et de mieux utiliser les technologies pour atténuer la charge administrative et aider ainsi les PME.

La coopération en matière de réglementation réduit les tensions commerciales

Les disparités entre réglementations influent plus défavorablement encore sur les flux de services que les restrictions des échanges. À l'inverse, les pays échangent davantage avec des partenaires aux réglementations similaires. Les accords commerciaux qui prévoient, entre autres, une baisse du niveau de restrictivité des échanges, associée à une coopération clairvoyante en matière de réglementation, sont sans doute les plus susceptibles d'agir notablement sur les échanges.

Les échanges de services dépendent de la mobilité des professionnels

Même si les mouvements de personnes ne représentent pas une grande part des échanges de services, ils sont essentiels aux opérations commerciales internationales. La mobilité internationale des personnes physiques joue un rôle déterminant, en particulier pour les échanges de services aux entreprises, eux-mêmes importants vecteurs de transfert de technologies.

Les échanges de services soutiennent l'économie numérique

La libéralisation et les réformes favorables à la concurrence dans le secteur des télécommunications sont associées à une baisse notable des coûts des échanges de services aux entreprises. Le déploiement de réseaux de grande capacité à prix compétitifs est une condition nécessaire à la transformation numérique des services à forte intensité de connaissances. L'accès aux professions et aux services ainsi créé est essentiel également.

Les réglementations commerciales doivent évoluer au rythme de l'économie numérique

Pour qu'un marché dynamique se mette en place, il faut d'abord que les entreprises dominantes ne puissent abuser en toute impunité de leur pouvoir de marché. Ces dernières années, le taux de création de nouvelles entreprises a considérablement baissé tandis que la concentration des marchés s'accentuait. Le meilleur moyen de renforcer l'entrepreneuriat est d'assurer l'ouverture des marchés en limitant les obstacles à l'entrée pour les entreprises et entrepreneurs locaux et étrangers.

Principales recommandations

- Il existe une marge considérable de réduction du coût des échanges dans les grands secteurs de services par le démantèlement des mesures discriminatoires à l'encontre des prestataires étrangers. L'amélioration concomitante de la réglementation intérieure en matière de concurrence et de transparence apporterait les gains les plus importants.
- La coopération en matière de réglementation facilite les activités des exportateurs. Lorsqu'il persiste de fortes restrictions explicites aux échanges de services, il faut d'abord les atténuer pour que la coopération en matière de réglementation puisse faire une différence substantielle.
- Les exportateurs plus petits et moins expérimentés doivent faire face à des coûts plus élevés lorsque l'environnement réglementaire est plus restrictif. L'ouverture des marchés de services profiterait en premier lieu au segment des PME, premier créateur d'emplois.

- Les modèles opérationnels de fourniture de services sont complexes, impliquant souvent plusieurs modes combinés, la vente liée de biens et de services, ou encore une association de produits numériques et d'interactions directes. Pour éviter de déformer ces modèles, il faudrait adopter une démarche équilibrée à l'égard des différents modes de fourniture dans tout le spectre des politiques d'échanges, d'investissement et de concurrence.
- Le secteur des services est diversifié, avec de multiples différences sur le plan des modèles opérationnels, des conditions de concurrence et des cadres réglementaires représentant les meilleures pratiques. L'optimisation des bienfaits des réformes passe par des conseils ciblés permettant de repérer les principaux obstacles, en tenant compte de la fraction évitable du coût des échanges dans chaque secteur, de l'ampleur des divergences entre la réglementation sectorielle nationale et celle des partenaires commerciaux ainsi que des répercussions sur les segments économiques en aval.
- La réforme des échanges de services procure des avantages aux consommateurs mais renforce aussi la productivité et la performance de l'économie nationale. Les industries manufacturières modernes consomment beaucoup de services de haute technologie et leur compétitivité repose sur l'accès à des prestataires de services de pointe au meilleur prix. En outre, les pays dont l'environnement réglementaire est plus favorable et transparent sont aussi plus attractifs pour les investisseurs directs étrangers, et peuvent ainsi compter sur des activités, des emplois et des exportations supplémentaires.

Chapitre 1

L'essor des services dans l'économie mondiale

Ce premier chapitre évalue la place du secteur des services dans l'économie mondiale. Il examine le rôle des services dans les résultats macroéconomiques récents, ainsi que la tendance marquée vers une dépendance croissante des industries manufacturières vis-à-vis des services. Il met en lumière certaines grandes tendances importantes, en particulier la transition vers l'économie numérique, largement soutenue par le secteur des services, et il montre comment l'adoption d'une réglementation appropriée des services pourrait permettre d'exploiter la révolution numérique pour accroître la productivité. À la lumière du rôle majeur que jouent les petites et moyennes entreprises (PME) dans l'économie de la plupart des pays, il examine les mesures qui pourraient faciliter leur développement international, notamment par le biais de plateformes internet et d'une participation accrue aux chaînes de valeur mondiales (CVM).

Les données statistiques concernant Israël sont fournies par et sous la responsabilité des autorités israéliennes compétentes. L'utilisation de ces données par l'OCDE est sans préjudice du statut des hauteurs du Golan, de Jérusalem-Est et des colonies de peuplement israéliennes en Cisjordanie aux termes du droit international.

La transformation structurelle au profit des services

Le développement économique est associé à un mouvement qui part d'une économie agraire dominée par l'agriculture de subsistance pour aller vers une économie industrialisée dominée par le secteur des services. Le graphique 1.1 montre que la part des services dans le PIB a augmenté au fil du temps dans tous les groupes de pays, et que c'est dans les pays à revenu intermédiaire qu'elle s'accroît le plus rapidement. En outre, à tout moment, plus un pays est riche, plus la part moyenne des services est grande.

Graphique 1.1. **Part des services dans le PIB**

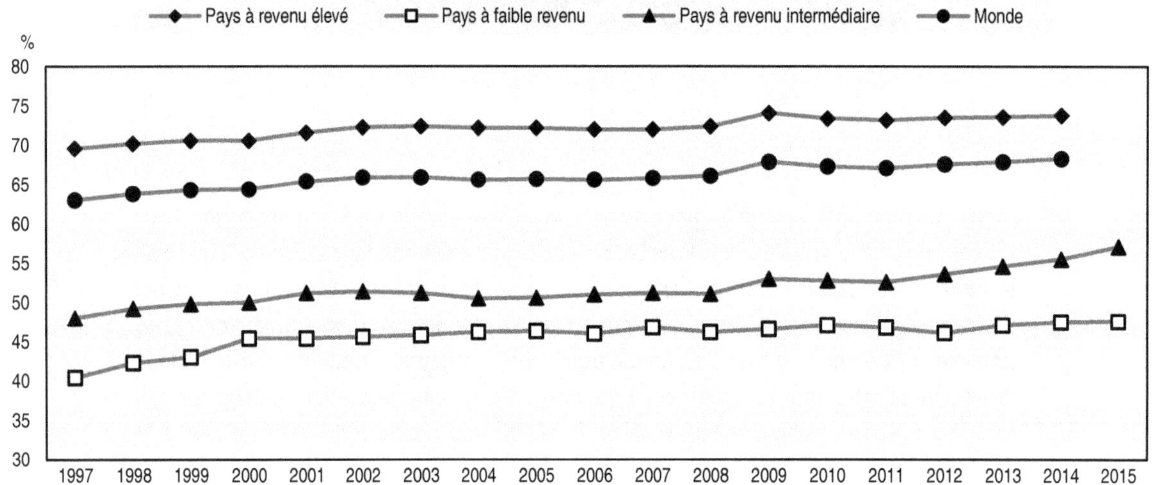

Source : Banque mondiale, IDM.

L'essor de la part des services dans le PIB mondial a pour contrepartie le recul du secteur manufacturier et de l'industrie primaire. Ce mouvement symétrique s'explique par le rythme plus rapide du progrès technique dans les industries manufacturières que dans les services, par un renforcement de la demande de services au détriment des produits manufacturés, sous l'effet de la hausse des niveaux de revenus, et par un fléchissement des prix relatifs des biens manufacturés. Dans le même temps, la production, tant de l'agriculture que des industries manufacturières, continue de progresser régulièrement en valeur absolue. Par exemple, alors que la part des industries manufacturières dans le PIB nominal mondial est passée de 20 % en 1997 à 15 % en 2015, le niveau de la production manufacturière mondiale en valeur absolue a grimpé de 44 %[1].

Le schéma d'évolution structurelle de l'emploi est semblable à celui des transformations sectorielles de l'économie, comme l'illustre le graphique 1.2. Il représente les changements dans la structure de l'emploi sur la période 1994-2010 pour les pays à revenu élevé et intermédiaire ainsi que, séparément, pour la République populaire de Chine (ci-après « la Chine ») et pour l'Inde. Les réaffectations les plus importantes, ces dernières années, se situent dans les pays à revenu intermédiaire, où l'urbanisation rapide s'est accompagnée d'un mouvement de repli de l'emploi agricole au profit des emplois urbains dans l'industrie et les services. La comparaison de la Chine et de l'Inde met en lumière un paradoxe. Sur cette période de 15 ans, la Chine est devenue l'atelier du monde, tandis que l'Inde a accédé au rang de grand exportateur mondial de services. Pourtant, la part des services dans l'emploi total en Chine a augmenté deux fois plus vite que la part de l'industrie, alors que c'est le contraire en Inde. En outre, la part des services dans l'emploi total est beaucoup plus élevée en Chine qu'en Inde. L'explication de ce phénomène repose sur trois facteurs. En premier lieu, l'économie agraire a plus reculé en Chine qu'en Inde. Ainsi, en Chine, la part de l'agriculture est passée d'environ la moitié à un tiers de l'emploi total, tandis qu'en Inde, la moitié de la population active est encore employée dans l'agriculture. Deuxièmement, l'Inde a enregistré une poussée sans précédent de la productivité du travail dans les services orientés vers l'exportation (Benz et al., 2017). Enfin, le secteur des services constitue un fondement essentiel, quoique largement ignoré, du développement industriel de la Chine.

Graphique 1.2. **Emploi par grand secteur pour deux groupes de pays plus la Chine et l'Inde**

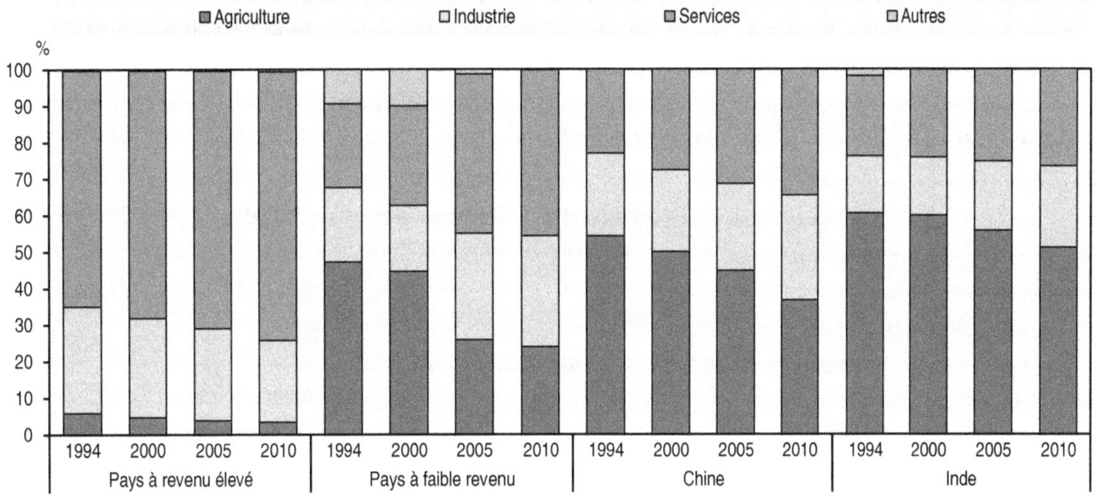

Source : IDM de la Banque mondiale et Annuaire statistique pour la Chine.

Les mutations structurelles illustrées par les graphiques 1.1 et 1.2 révèlent que, à l'échelle mondiale, la part de l'emploi dans les services augmente plus vite que la part des services dans le PIB nominal, ce qui signifie que, en moyenne, la productivité du travail croît plus vite dans les industries manufacturières que dans les services. D'aucuns craignent donc que les économies à forte intensité de services soient moins dynamiques et créent relativement moins d'emplois stables et bien rémunérés qu'à l'âge d'or de l'emploi manufacturier. Un débat est ainsi né sur l'opportunité d'un retour à une politique industrielle classique comme moyen d'encourager une renaissance industrielle, accompagnée d'emplois de qualité pour les travailleurs faiblement et moyennement qualifiés. Cependant, le récent ralentissement des délocalisations et l'amorce d'un retour des activités manufacturières dans les pays à revenu élevé semblent avoir pour moteur, précisément, la moindre importance des coûts de main-d'œuvre, à l'aube de la quatrième révolution industrielle.

Celle-ci se caractérise par la productique, la transformation additive, l'automatisation et des techniques avancées d'analyse de mégadonnées (*big data*) collectées à partir du flux d'informations circulant dans l'« internet des objets » (IdO). Durant cette transition, l'emploi manufacturier hautement qualifié s'est maintenu, tant dans les pays à revenu élevé qu'intermédiaire, tandis que l'emploi manufacturier faiblement qualifié chutait en flèche (Rodrik, 2016). Si l'on en juge par ces tendances, la part de l'emploi dans les services va probablement augmenter jusqu'à ce qu'il se stabilise, autour de 80-85 %, et l'emploi manufacturier hautement qualifié peut demeurer résilient face au progrès technique. À l'instar des changements structurels survenus par le passé, la transformation en cours recèle un immense potentiel d'amélioration du bien-être humain si elle est gérée raisonnablement[2].

Les services modernes rattrapent les niveaux de productivité des industries manufacturières

Le principal facteur de croissance économique est la hausse du niveau de productivité. Si, en moyenne, la productivité est plus élevée dans les industries manufacturières que dans les services, ces derniers, dans leur version moderne, comblent rapidement leur retard. Le tableau 1.1 présente l'évolution récente de la productivité pour un échantillon de secteurs dans quatre pays[3]. Au moins un segment des services a enregistré une croissance de la productivité plus rapide que l'industrie manufacturière dans les quatre pays. Il est à noter que le commerce de gros et de détail a affiché, ces dernières années, une croissance de la productivité plus forte que l'industrie manufacturière dans trois des quatre pays. Ce secteur à forte intensité de main-d'œuvre a été l'un des premiers à adopter des TIC améliorant la productivité pour le commerce de détail traditionnel, et il opère actuellement une migration vers les plateformes numériques[4].

Tableau 1.1. **Productivité (PTF) par secteur, 2014**

Indice, 2010 = 100

CITI Rév. 4	Branche	Royaume-Uni	France	Allemagne	Finlande
C	Activités de fabrication	101.57	103.68	106.53	97.43
G	Commerce de gros et de détail, réparation de véhicules automobiles et de motocycles	104.26	104.02	105.40	98.62
H	Transport et entreposage	105.74	97.37	94.56	113.40
J	Information et communication	98.17	103.98	116.35	117.45
58-60	Édition, activités audiovisuelles et radio- et télédiffusion	105.28	94.92	106.35	88.23
61	Télécommunications	92.87	123.58	106.75	142.75
62-63	Programmes informatiques et autres services d'information	96.40	97.93	127.27	120.12
K	Activités financières et d'assurances	86.99	103.34	105.21	103.82
M-N	Activités professionnelles, scientifiques et techniques et services administratifs et d'appui	109.33	95.14	98.20	95.35
R-S	Arts, spectacles et loisirs et autres activités de services	102.75	91.88	97.00	89.79

Source : Base de données EU KLEMS, *www.euklems.net/*.

Les activités professionnelles et techniques et autres services d'appui couverts par les codes M et N de la CITI constituent une solide source de création d'emplois pour les travailleurs qualifiés et, sauf en Allemagne, ils emploient plus de salariés que les industries manufacturières. Dans ce secteur, la productivité ne s'est maintenue à la hauteur des industries manufacturières qu'au Royaume-Uni. Cependant, la transition numérique des services professionnels n'en est encore qu'à ses débuts, et recèle la promesse d'une robuste poussée de productivité à l'avenir. En outre, plusieurs études ont constaté que les services aux entreprises à forte intensité de connaissances (SFIC) stimulaient l'innovation et la productivité chez les entreprises clientes, y compris dans l'industrie manufacturière. Les SFIC sont généralement coproduits avec les clients, et leur impact sur la productivité est peut-être plus visible au niveau de l'économie dans son ensemble que dans le secteur des SFIC[5].

Des informations comparables sur la productivité totale des facteurs ne sont pas aisément disponibles pour les économies de marché émergentes, mais la base de données WORLD-KLEMS contient néanmoins ce type d'informations pour l'Inde sur la période 1980-2008/9. De façon intéressante, la croissance de la PTF des services a largement dépassé celle du secteur manufacturier en Inde pendant cette période. Par rapport à l'année 1990, le secteur manufacturier le plus performant (produits minéraux non métalliques) a vu s'accroître la PTF d'environ 40 %, alors que la productivité du segment des services le plus performant (les postes et télécommunications) a été multipliée par six sur les trois décennies couvertes. L'Inde s'est engagée sur une trajectoire de croissance propulsée par les exportations de services tout aussi impressionnante que les poussées de croissance précédemment vécues par les pays nouvellement industrialisés. L'expérience de l'Inde et de la Chine, associée aux observations émanant des pays à haut revenu en voie de désindustrialisation, laisse penser qu'un secteur des services tourné vers l'exportation peut exister même en l'absence d'une importante base industrielle, alors qu'un secteur industriel axé sur l'exportation a peu de chances de se développer en l'absence de services d'appui.

Les services renforcent la productivité et la compétitivité des industries manufacturières

Les services fournissent des intrants essentiels aux secteurs producteurs de biens marchands en améliorant la productivité, ou la compétitivité, ou les deux. En particulier, l'éducation et la santé contribuent à relever le niveau des compétences et l'adaptabilité des travailleurs. La R-D, l'ingénierie et les activités de conception fournissent des apports essentiels à l'innovation en matière de produits et de procédés, tandis que les télécommunications ainsi que les services informatiques et d'information permettent la diffusion continue de savoirs et de données qui constituent la matière première de l'innovation, tant à l'échelle nationale que par-delà les frontières. Enfin, toutes sortes de services aux entreprises aident les producteurs de biens manufacturés dans leurs relations avec les clients, les fournisseurs et les instances de réglementation. En outre, les industries arrivées à maturité réinventent leurs stratégies opérationnelles en faisant davantage appel aux services en tant que facteurs de production. Par exemple, pour un produit de consommation comme la confection, les saisons sont plus courtes et plus nombreuses parce que le suivi et l'analyse du marché informent la conception et la production des articles afin d'accompagner l'évolution rapide des goûts des consommateurs.

De plus en plus souvent, les entreprises manufacturières ajoutent des services à leur portefeuille de produits, généralement en complément des biens qu'elles fabriquent. Sur le marché interentreprises, par exemple, des sociétés de construction mécanique peuvent vendre à leurs clients un ensemble de services incluant la location et la maintenance de leurs machines. Celles-ci sont équipées de capteurs qui sont reliés au fournisseur grâce à l'IdO. Le fournisseur surveille la performance des machines en continu, ce qui contribue à réduire les coûts de maintenance et les périodes d'immobilisation pour le client. De tels arrangements existent pour une large gamme de machines – moteurs d'avion (*power by the hour*), photocopieurs ou machines à café des bureaux.

Sur le marché du commerce avec les consommateurs, les services après-vente sont une source majeure de recettes pour les fabricants. Le secteur automobile, par exemple, propose ce type de services, source de recettes et de bénéfices, depuis de nombreuses années[6]. Aujourd'hui, avec l'intensification des encombrements et des préoccupations écologiques, les voitures autonomes et les divers services d'auto-partage et de voitures de transport avec chauffeur ont déplacé le centre de l'attention : ce n'est plus tant l'automobile qui importe que les services de transport qu'elle fournit. Tous les grands constructeurs automobiles se sont associés à des services de voitures avec chauffeur, de location ou de crédit-bail, ou encore avec des logiciels et services de géolocalisation, portant ainsi la fourniture conjointe de biens manufacturés et de services à un niveau sans précédent. Enfin, la visibilité sur les réseaux sociaux est devenue indispensable sur les marchés de consommation et, dans de nombreux cas, elle s'accompagne de moyens innovants de lier la vente de biens et de services. Dans l'industrie agroalimentaire, par exemple, les recettes et les conseils diététiques figurant sur les réseaux sociaux jouent un rôle majeur dans le positionnement des produits. De manière générale, les produits de consommation sont de plus en plus souvent commercialisés sur les réseaux sociaux en tant qu'éléments de style de vie pour le segment de marché ciblé.

La fourniture conjointe de biens et de services constitue parfois une réaction de défense face à l'intensification de la concurrence plutôt qu'un processus créatif de conception de produits meilleurs. De plus, elle a un coût et entraîne, pour certains fabricants, des marges bénéficiaires moins intéressantes et un risque plus élevé de faillite. Plusieurs études de cas montrent que, pour réussir, la fourniture conjointe doit reposer sur une bonne intégration des services, des produits et des modules d'information, grâce à des services informatiques qui normalisent et modularisent les services liés[7].

Les produits basés sur la capture des connaissances permettent l'échange de services par-delà les frontières

Le secteur des services est en évolution constante, avec l'apparition de nouveaux services qui en rendent d'autres obsolètes, par le biais d'une combinaison de technologies et d'une division du travail plus marquée. Afin de saisir la dynamique du secteur des services, le dernier manuel de la comptabilité nationale (SCN, 2008) a ajouté une catégorie distincte, intitulée « produits basés sur la capture des connaissances » et définie ainsi :

> « *Les produits basés sur la capture des connaissances concernent la fourniture, le stockage, la communication et la diffusion d'informations, de conseils et de divertissements de telle sorte que l'unité qui les consomme peut accéder aux connaissances de façon répétée.* » [SCN, 2008, paragraphe 6.22][8].

Cette catégorie diffère des autres services sur deux points importants : ces produits peuvent être stockés, et on peut y accéder de façon répétée. Ce sont là aussi des propriétés qui permettent l'échange transfrontalier de ces services sans interaction directe entre le prestataire de services et le client[9]. En outre, l'usage répété pour un coût additionnel quasi nul permet de réaliser d'immenses gains de productivité.

La prolifération des produits basés sur la capture des connaissances lance de nouveaux défis pour l'action publique. Un coût marginal proche de zéro implique de considérables économies d'échelle qui peuvent se traduire par une dynamique du « tout au gagnant ». De plus, dans une économie numérique sans frontières, les gagnants peuvent se situer à l'échelle mondiale, alors que les autorités de réglementation opèrent à l'intérieur des frontières nationales. Un autre défi pour l'action publique, relatif à l'usage répété pour un coût quasi nul, concerne le régime actuel de la propriété intellectuelle ainsi que la protection des droits commerciaux, de la vie privée et de la sécurité qui s'y rapportent. Avec la numérisation du savoir et de l'information, il convient de réévaluer la fonctionnalité de ces systèmes.

En résumé, on observe depuis plusieurs décennies un accroissement de la part des services dans l'économie mondiale, sous l'effet de facteurs relatifs à la demande et à la technologie. La population, devenue plus riche, plus âgée et plus urbaine, consomme relativement plus de services. De nombreux segments des services rattrapent le secteur manufacturier sur le plan de la productivité. Enfin, biens et services sont étroitement liés et doivent être compris comme des intrants complémentaires dans la production et la consommation.

Le commerce des services

Le grand ralentissement des échanges : les services, moteur de la croissance du commerce mondial

Depuis le début de la crise financière, en 2008, la valeur du commerce mondial est stagnante. Pendant les dix années qui ont précédé la crise, les échanges mondiaux se sont développés pratiquement deux fois plus vite que le PIB mondial mais, en ces dernières années d'après-crise, ils peinent à suivre la croissance du PIB mondial. Le graphique 1.3 compare le commerce des biens et celui des services depuis 2005, trois ans avant la crise. Les exportations de marchandises et de services commerciaux suivent une évolution similaire, bien que les exportations de services soient sensiblement plus stables que celles des biens. Les raisons de cette meilleure résilience des échanges de services sont peut-être que la demande est moins cyclique, que les services dépendent moins de financements extérieurs et qu'ils ont été moins visés par des mesures protectionnistes après la crise (Borchert et Mattoo, 2010). Pourtant, lorsqu'il est mesuré en termes de valeur ajoutée, le commerce des services n'est pas plus résilient que celui des biens. Compte tenu du fait qu'une grande partie des services échangés est intégrée dans les exportations d'autres secteurs (voir ci-dessous), ce n'est guère surprenant (Nagengast et Stehrer, 2016).

Graphique 1.3. **Exportations mondiales depuis la crise financière**

Indice en valeur, 2008 = 100

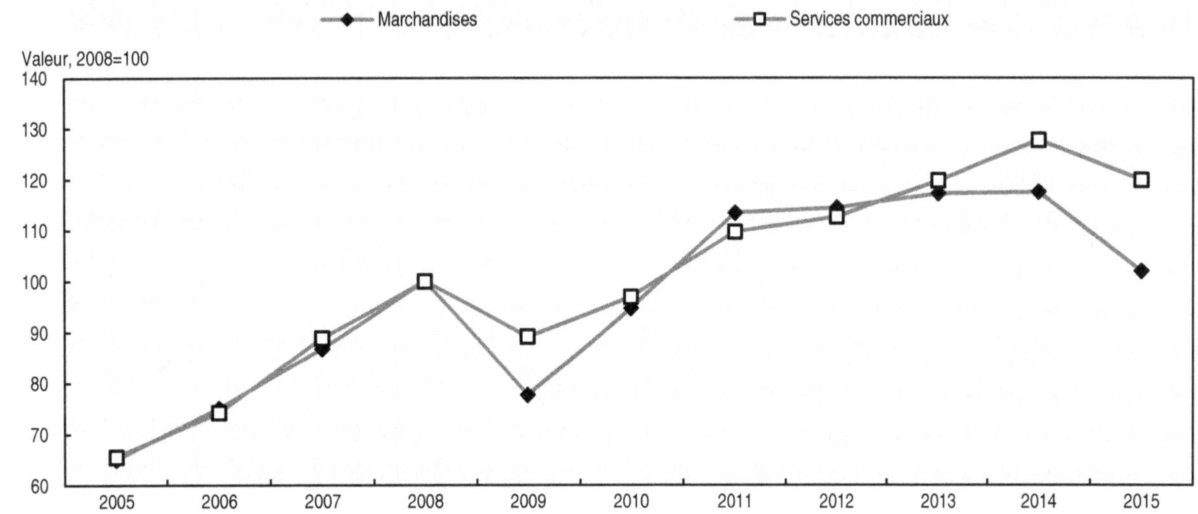

Source : Estimations des auteurs d'après les statistiques de l'OMC.

Le ralentissement marqué des échanges ne s'explique qu'en partie par le fléchissement de la demande qu'a subi l'économie mondiale durant la crise et pendant la reprise poussive qui a suivi. Des mutations structurelles, en particulier l'essoufflement et, dans certains cas, le délitement de chaînes de valeur mondiales, semblent avoir joué aussi un rôle important, ce qui signifie qu'il ne faut pas s'attendre à voir les échanges croître plus vite que l'économie mondiale dans un avenir prévisible (Haugh et al., 2016). Les gains réalisés grâce à la fragmentation de la production proviennent d'une spécialisation plus poussée, d'économies d'échelle dans la production de chaque composante et de l'exploitation des avantages comparatifs au niveau des tâches. La fragmentation a toutefois un coût. Lorsque les chaînes d'approvisionnement sont plus longues, le risque de perturbations est plus grand dans le cas où l'un des maillons de la chaîne fait défaut, et les coûts de transaction et de coordination augmentent avec le degré de complexité. Certaines chaînes d'approvisionnement sont arrivées à maturité et ont atteint le stade où le coût d'une fragmentation plus poussée dépasse les avantages qu'elle procure. La Chine est un acteur majeur des chaînes de valeur mondiales et une source d'échange des intrants intermédiaires. Au fil du temps, la Chine a accru sa valeur ajoutée intérieure en développant ses capacités locales ainsi que l'investissement direct étranger, et ses importations de pièces et composants diminuent régulièrement, depuis le milieu des années 90, en proportion du total de ses exportations. Par conséquent, en attendant l'émergence de nouveaux moteurs du commerce, il est probable que les échanges mondiaux continueront de suivre le rythme de la croissance du PIB mondial. Dans ce contexte, les échanges de services, en particulier le commerce international de services numériques, pourraient devenir un nouveau moteur des échanges internationaux. Si de grandes économies comme l'Inde devaient s'ouvrir à la mondialisation, la croissance et les échanges mondiaux en bénéficieraient considérablement.

Les échanges de biens et de services se complètent

Les services ont toujours fait l'objet d'échanges. De fait, le transport international est aussi ancien que le commerce lui-même, et ils ont été suivis de près par la finance et l'assurance. Aujourd'hui encore, les transports et les voyages représentent environ la moitié des échanges mondiaux de services commerciaux, contre 70 % environ en 1980. Le segment le plus dynamique des échanges de services est celui des services aux entreprises, défini globalement comme englobant les télécommunications, l'informatique et les services d'information, la finance et une série d'autres services aux entreprises, notamment les SFIC. Le graphique 1.4 illustre la composition des échanges de services commerciaux dans le monde par grande catégorie de services. Les États-Unis sont, de loin, le premier exportateur mais aussi le plus grand importateur, suivis de près par la Chine pour ce qui est des importations. Ce sont les transports et les voyages qui dominent, dans la plupart des pays, tant du côté des services exportés qu'importés. Il est à noter que la Chine est fortement déficitaire dans les services de transport et de voyage, résultat de l'expédition de ses exportations de biens manufacturés.

On constate un degré élevé de spécialisation dans les services aux entreprises en Irlande (où les services de communication sont le plus gros poste d'exportation), au Luxembourg (où les services financiers constituent l'essentiel des exportations), ainsi qu'en Inde, au Royaume-Uni, en Suisse et aux Pays-Bas (qui exportent tous une large gamme de services aux entreprises). C'est l'Inde qui se classe au premier rang des exportations de services de communication, en grande partie des services informatiques, tandis que les États-Unis sont le premier exportateur d'autres services aux entreprises. C'est en Inde aussi que les services aux entreprises représentent la plus grande part des exportations de services commerciaux, à 68 % ; le Brésil arrive en deuxième position, avec 58 %. La composition des importations est semblable à celle des exportations, sauf au Japon, où les services aux entreprises occupent une bien plus grande place dans les importations que dans les exportations. Il est à noter que les pays les plus spécialisés – Irlande et Luxembourg – importent aussi plus de services aux

Graphique 1.4. **Échanges de services commerciaux, par pays, 2015**

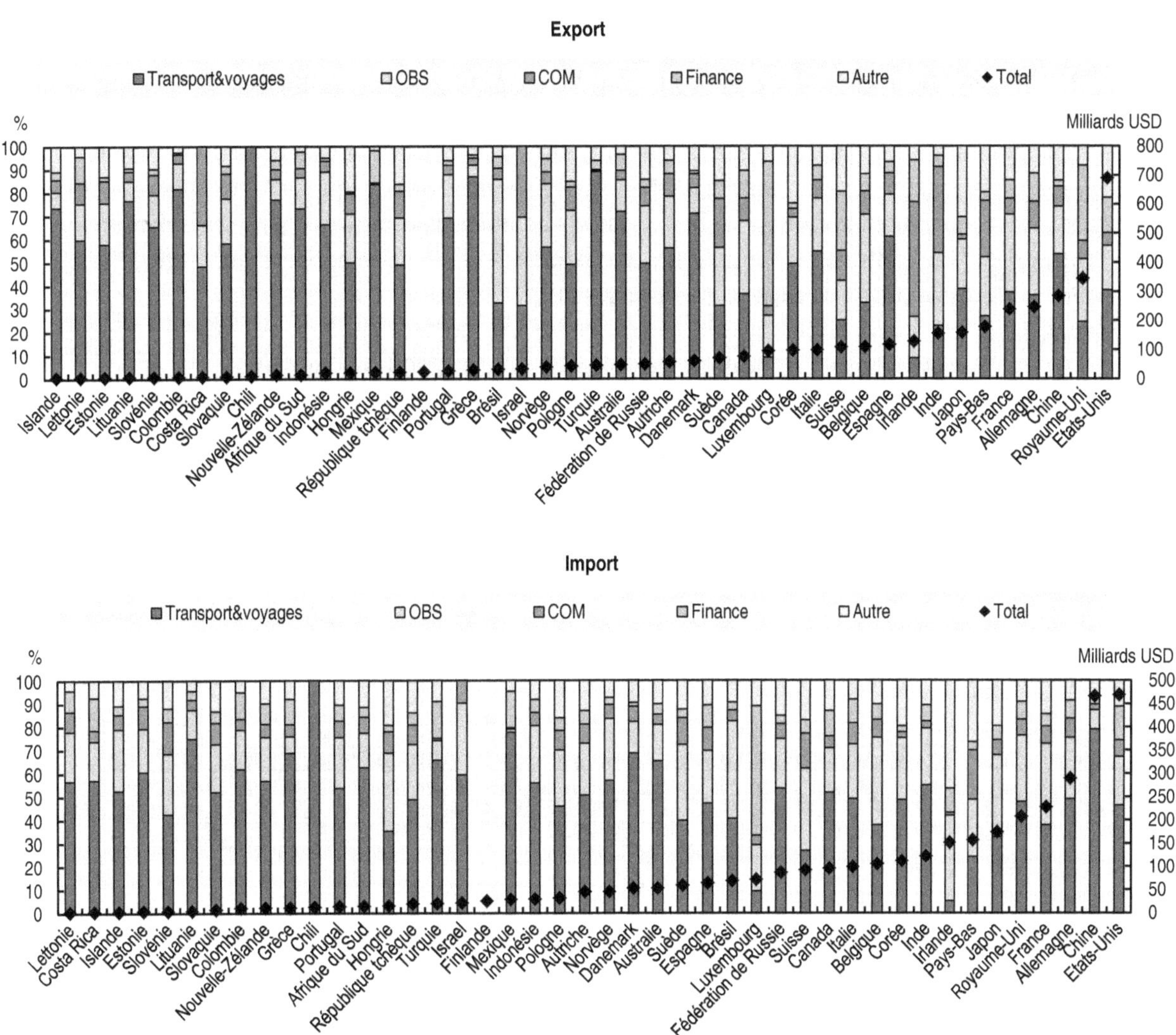

Note : COM = communications, dont télécommunications, informatique et services d'information. OBS (autres services aux entreprises) = services professionnels, R-D, gestion et divers services techniques. Finance : y compris les assurances. Autres : tous les autres services commerciaux. Chili : 2014. Finlande : les données ne sont déclarées que pour l'ensemble des services.
Les données statistiques concernant Israël sont fournies par et sous la responsabilité des autorités israéliennes compétentes. L'utilisation de ces données par l'OCDE est sans préjudice du statut des hauteurs du Golan, de Jérusalem-Est et des colonies de peuplement israéliennes en Cisjordanie aux termes du droit international.
Source : OMC ; classification de la sixième édition du manuel de la balance des paiements (BPM6).

entreprises que la moyenne. Le Luxembourg pratique à grande échelle les échanges intrasectoriels de services financiers, tandis que, en Irlande, le schéma des échanges de services reflète le rôle de ce pays en tant que pôle d'investissement étranger dans les secteurs technologiques. Le premier poste d'exportations est constitué par les services de communication et le premier poste d'importations, par les droits d'usage de la propriété intellectuelle. Les États-Unis et l'Inde enregistrent un excédent considérable au titre des échanges de services, tandis que la Chine accuse le plus lourd déficit à ce titre.

Le graphique 1.5 présente la croissance totale des exportations de services de communication et autres services aux entreprises par comparaison avec celle de l'ensemble des services sur les dix années précédant 2015. À l'exception de la Turquie et de l'Indonésie, les autres services aux entreprises et les services de communication ont gagné du terrain dans tous les pays présentés. C'est la Chine, suivie de près par l'Inde, qui a enregistré la plus forte croissance des exportations de services sur la dernière décennie, tandis que l'Italie et l'Afrique du Sud restaient quelque peu en retrait. Huit pays ont plus que doublé leurs exportations de services durant cette période (le Costa Rica et les sept pays situés à sa droite sur le graphique 1.5). La Corée, suivie par la Chine, la Pologne et le Costa Rica, a enregistré une croissance très rapide de ses exportations de services, tandis que le Luxembourg et le Costa Rica affichaient la croissance la plus rapide pour les exportations d'autres services aux entreprises. Par contraste, en Indonésie, les exportations d'autres services aux entreprises sont modestes et ne s'accroissent que lentement.

Graphique 1.5. **Valeur des exportations, 2005-15, par pays**

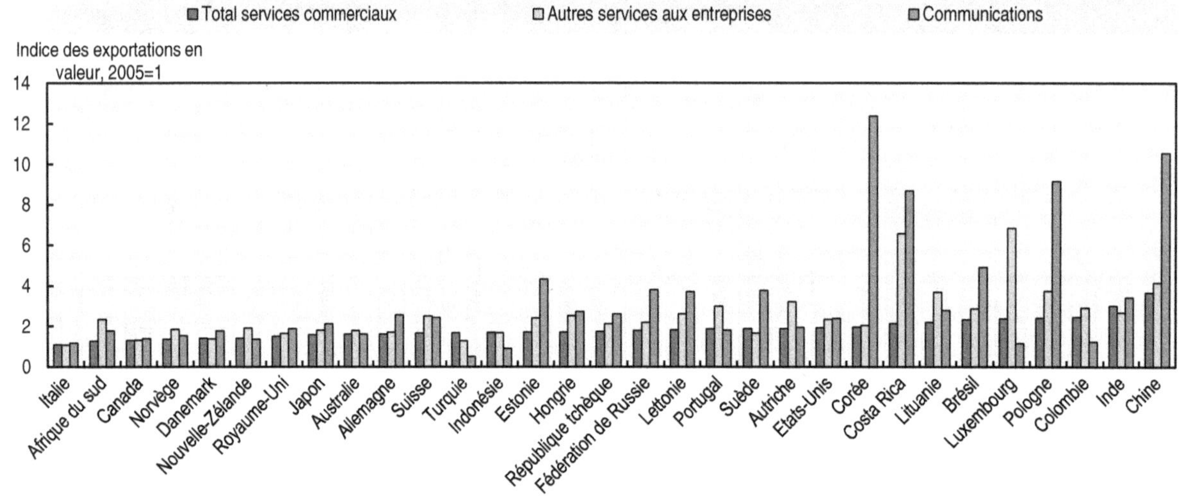

Note : Communications = télécommunications, informatique et services d'information. Autres services aux entreprises = services professionnels, R-D, gestion et divers services techniques.
Source : OMC ; classification de la sixième édition du manuel de la balance des paiements (BPM6).

La composition des échanges de services a évolué au cours des dernières décennies, tandis que les services aux entreprises prenaient une place plus importante. Néanmoins, les flux d'échanges de biens et services continuent d'évoluer dans le même sens. En 2015, les services représentaient 22 % des échanges mondiaux, et tournent autour de 20 % depuis qu'il existe des données à ce sujet. En outre, ce schéma est aussi valable pour les pays pris séparément, comme l'illustre le graphique 1.8, qui présente les échanges de services comparés aux échanges de biens de 1960 à aujourd'hui. Seules quelques observations se situent hors du grand nuage des échanges de biens et services fortement corrélés[10]. Ainsi, les échanges de biens et de services demeurent les deux faces d'une même médaille : les réseaux de production manufacturière deviennent plus complexes, et il en va de même pour les services d'appui.

Au-delà des conclusions que l'on peut tirer d'une analyse des données cumulées sur les échanges, une étude approfondie des chaînes de valeur mondiales montre que les trois quarts environ des échanges de services consistent en intrants intermédiaires destinés à la production de biens et services (De Backer et Miroudot, 2013). C'est là une proportion beaucoup plus élevée que pour les biens intermédiaires (la moitié environ). Le rôle important que jouent les services en soutenant les exportations d'autres secteurs se reflète

Graphique 1.6. **Échanges de biens et de services : les deux faces d'une même médaille**

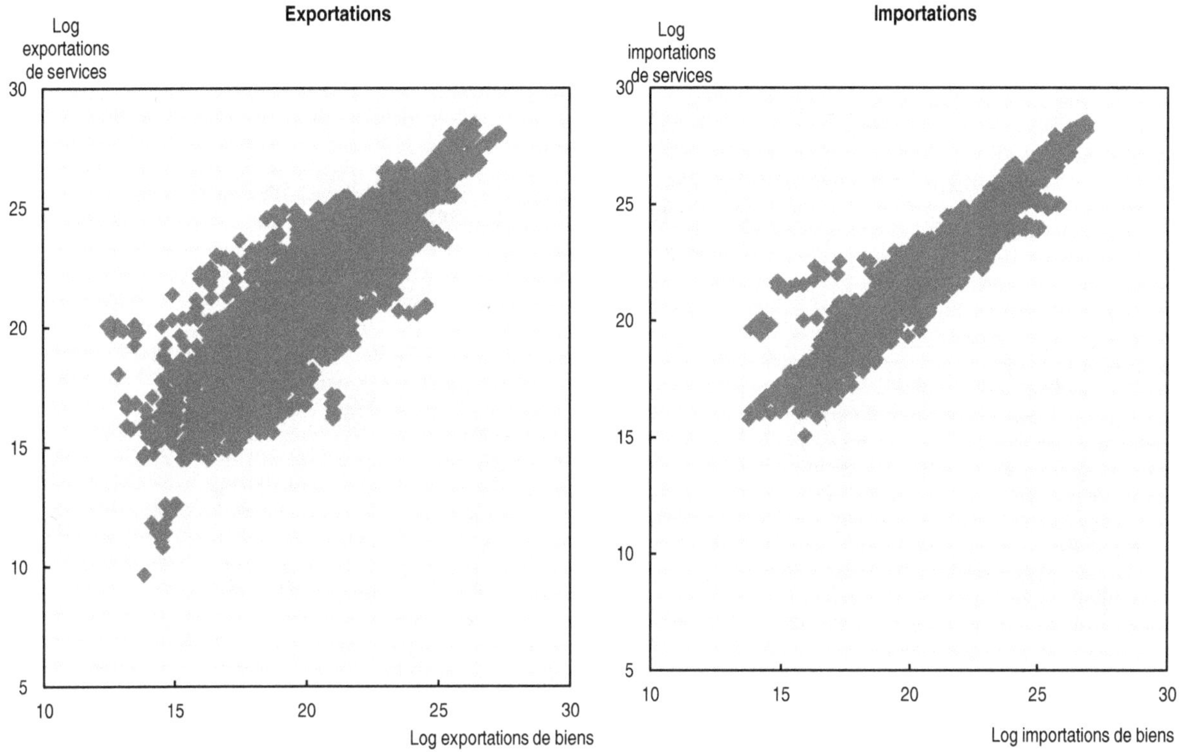

Source : Estimations à partir des IDM. Les graphiques présentent le total des échanges de marchandises comparé au total des échanges de services commerciaux pour tous les pays inclus dans les IDM, pour la période 1960-2015.

aussi dans le ratio entre valeur ajoutée et montant brut des exportations. Pour les industries manufacturières, ce ratio est passé d'environ 0.65 à 0.45 entre 1970 et 2010. Pour les services, au contraire, ce ratio est passé d'environ 1.3 à 1.6 sur la même période. Une baisse de ce ratio signifie que les intrants intermédiaires d'autres secteurs et de l'étranger représentent une part croissante de la valeur brute des exportations. Le fait que le ratio observé pour les services soit supérieur à 1 paraît, de prime abord, surprenant. Pourtant, lorsqu'on les mesure à l'aune de la valeur ajoutée, les services inclus dans les exportations d'autres secteurs contribuent au numérateur du ratio, alors que le montant brut des exportations de services inclut uniquement les services exportés directement. Un ratio supérieur à 1 signifie donc qu'un plus grand volume de services est exporté indirectement, intégré aux biens qui sont directement exportés (Johnson et Noguera, 2016).

Les services de source extérieure sont des intrants importants dans la fabrication et la commercialisation des marchandises, mais les entreprises productrices de biens fournissent aussi une gamme de services maison, et certains d'entre eux sont exportés. De fait, parmi les pays inclus dans la base de données OCDE-OMC sur les échanges en valeur ajoutée (ÉVA), entre 25 % et 60 % des emplois dans les entreprises manufacturières sont consacrés à des fonctions d'appui aux services (Miroudot et Cadestin, 2017). Par exemple, dans les entreprises manufacturières multinationales, la production de biens par une filiale étrangère s'accompagne souvent de services fournis par le siège – conception, gestion des procédés de production et contrôle de la qualité des produits. Il arrive aussi que les fabricants associent expédition des marchandises et services d'installation, de maintenance et de relation clients. Comme l'illustre le graphique 1.7, en Belgique, en Allemagne et en Italie, les entreprises manufacturières exportent davantage de services d'architecture et d'ingénierie que les sociétés spécialisées dans les services professionnels[11]. Une analyse approfondie, au niveau des entreprises, des exportations belges montre que les sociétés qui exportent à la fois des biens et des services représentent environ 30 % des exportateurs de services et réalisent 36 % de leur chiffre d'affaires à l'exportation de services dans les secteurs couverts par l'analyse.

Graphique 1.7. **Répartition des exportations entre sociétés de services et autres entreprises, par secteur**

Sélection de services et de pays

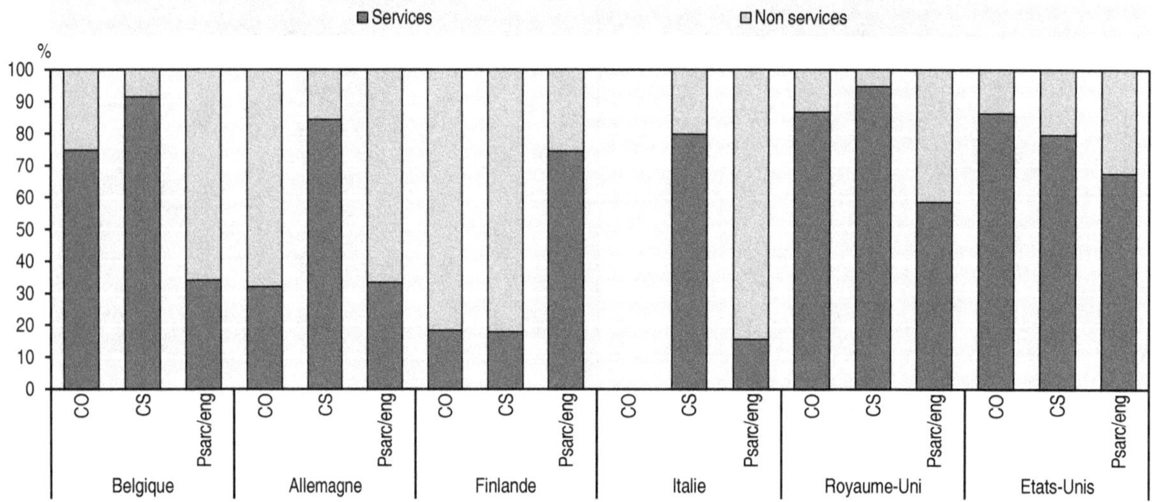

CO = services de construction, SI = services informatiques et SPAE = services professionnels d'architecture et d'ingénierie

Source : Rouzet et al. (2017).

Les services transfrontaliers sont fortement concentrés selon trois dimensions : les entreprises, les marchés et les produits

La transition numérique a, en principe, ouvert la voie pour que les sociétés de services, y compris les PME, s'engagent dans le commerce international. Accéder aux marchés d'exportation et s'y maintenir exige cependant audace et courage. Le nombre absolu de micro- et petites entreprises à internationalisation rapide et précoce qui réussissent (encadré 1.2) est suffisamment grand pour inspirer et susciter diverses initiatives publiques visant à faire des émules. Néanmoins, les exportateurs sont généralement des entreprises beaucoup plus grandes et plus productives que les non-exportateurs, et il est plus probable qu'ils appartiennent à des intérêts étrangers. En outre, la plupart des entreprises qui exportent ne s'adressent qu'à un seul marché étranger, le plus souvent celui d'un pays voisin ou d'un pays avec lequel il existe un accord de libre-échange couvrant les services[12].

Le graphique 1.8 illustre le degré élevé de concentration des exportations une fois qu'une entreprise pénètre sur un marché étranger. La part des exportateurs qui ne desservent qu'un seul marché étranger est comprise entre 17 % (en Suède) et 43 % (en Allemagne), mais leur part dans la valeur totale des exportations est très faible – entre 1 % et 6 %. À l'inverse, la part des exportateurs qui sont implantés sur plus de 25 destinations ne représente que 6 % à 29 % du total, mais leur part dans le total des exportations varie entre 53 % (en Belgique) et 88 % (en Finlande). Cependant, même les gros exportateurs sont extrêmement dépendants de leur premier marché d'exportation. Par exemple, dans l'échantillon de pays figurant au graphique 1.8, les entreprises qui exportent vers 20 destinations envoient entre 40 % et 80 %

Graphique 1.8. **Concentration de l'activité internationale par nombre de destinations**

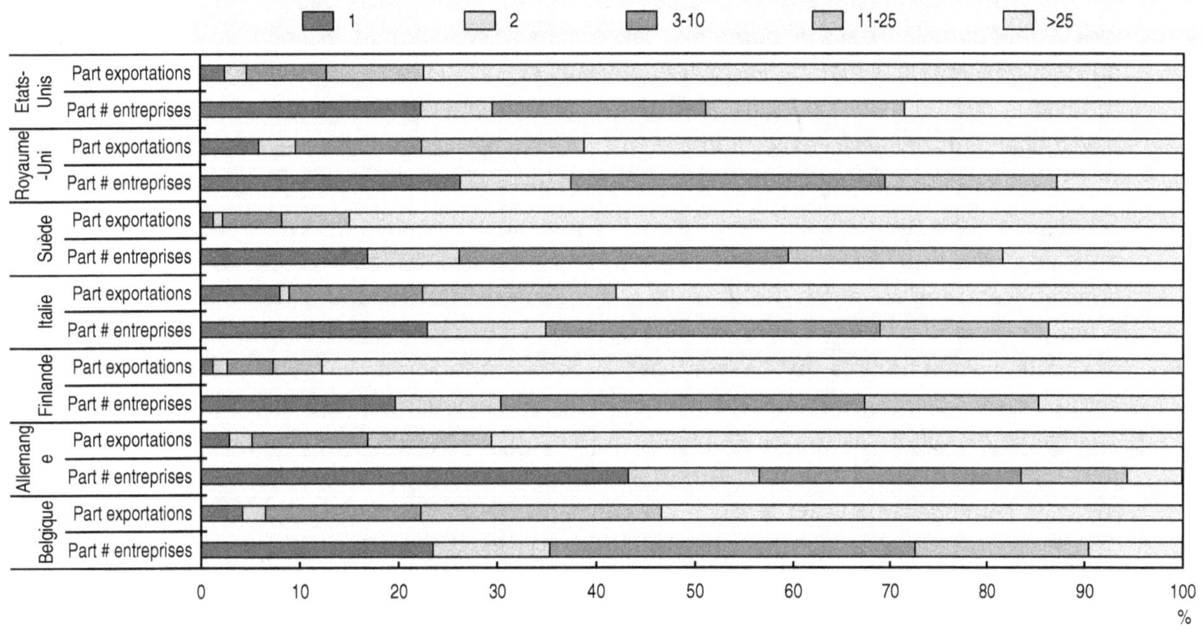

Source : Rouzet et al. (2017).

de leur valeur exportée vers leur première destination, laquelle absorbe plus du double des exportations arrivant sur le deuxième marché[13].

Ce type de concentration se retrouve pour les différents services qu'exporte une entreprise. Entre 36 % (Finlande) et 70 % (États-Unis) des entreprises exportatrices n'exportent qu'un seul produit, ce qui représente entre 2 % (Finlande) et 37 % (Belgique) du total des exportations. À l'inverse, entre 4 % et 18 % des exportateurs exportent au moins cinq services différents, et ceux-ci représentent la majeure partie du total des exportations (Rouzet et al., 2017).

Les données sur l'Allemagne montrent qu'entre 20 % et 40 % des exportateurs de services n'exportent qu'occasionnellement. C'est dans le secteur de la construction que les exportateurs « uniques » sont les plus nombreux et dans le secteur des messageries qu'ils sont le moins nombreux. Environ les deux cinquièmes des relations d'exportation s'achèvent au bout d'un an dans la construction ; cette proportion est d'un cinquième dans les messageries. Les services de messagerie sont aussi le secteur où les échanges durent le plus longtemps, puisque les deux cinquièmes des relations d'exportation dépassent une durée de dix ans. Ce secteur a bénéficié de l'essor du commerce électronique transfrontière et des réseaux de production à flux tendus qui traversent les frontières. Par contraste, dans les services de construction, environ un dixième seulement des relations d'exportation durent au moins dix années consécutives. Les relations d'exportation sont assez courtes aussi dans les services d'architecture et d'ingénierie. Une explication possible est que les exportations de services en rapport avec le secteur du bâtiment et des travaux publics sont souvent liées à un projet particulier et s'achèvent lorsque le projet se termine.

Les données au niveau des entreprises laissent penser qu'il est difficile et coûteux de pénétrer sur un marché étranger, et que les coûts augmentent plus que proportionnellement avec le nombre de destinations et de produits exportés. Lorsqu'ils s'implantent sur un nouveau marché, les exportateurs potentiels peuvent vouloir « tâter le terrain » pour évaluer les conditions locales avant de décider s'ils vont investir dans des relations client-fournisseur durables. Dans de nombreux cas, ces essais échouent et les nouveaux arrivants quittent rapidement le marché. Parmi les nouveaux exportateurs, seuls les plus productifs et innovants parviennent à prendre pied sur le marché puis à renforcer leur présence et développer leurs ventes à l'exportation.

Les services qui ne peuvent pas être stockés et ne se prêtent pas à des accès répétés sont échangés via des interactions face à face entre prestataires et clients, ou alors ils voyagent avec les produits qu'ils transforment, comme dans le cas des transports. Pour faire entrer de tels services dans la sphère des accords commerciaux internationaux, la définition des échanges de services a été élargie : au-delà du simple commerce transfrontière, elle englobe désormais les échanges qui passent par la consommation à l'étranger, la présence commerciale à l'étranger et les déplacements transfrontaliers des personnes. L'importance relative de ces différents modes de prestation n'est pas très bien connue, mais une étude pilote d'Eurostat (2016) sur le commerce extra-UE a constaté que, en 2013, les ventes par les filiales à l'étranger (mode 3) représentaient 69 % du commerce des services, les échanges transfrontières (mode 1), 21 %, la consommation à l'étranger (mode 2), 6 %, et les services fournis par des personnes physiques (mode 4), 4 %[14]. Au Brésil, les exportations de services suivent un schéma similaire[15]. De toute évidence, les exportations de services par le biais de la présence commerciale dominent largement les autres modes de prestation.

Les ventes dans les filiales à l'étranger dominent largement les autres modes de prestation, mais suivent des mouvements similaires à ceux des échanges transfrontières

On ne dispose pas d'informations sur le total des ventes dans les filiales à l'étranger, mais il existe des données sur le stock d'IDE par secteur pour un certain nombre de pays de l'OCDE. Bien que ces données ne soient pas des variables de substitution parfaites pour les ventes en filiales, elles renseignent néanmoins sur l'importance relative des services dans les activités multinationales. Le graphique 1.9 montre que la part des services dans l'activité d'une entreprise multinationale correspond à la part des services dans le PIB et l'emploi. Si l'on regarde de plus près la composition des actifs d'IDE consacrés aux services, par secteur, sur 24 pays de l'OCDE, on constate que les services financiers y jouent un rôle prépondérant, représentant en moyenne plus de la moitié du stock d'IDE détenu à l'étranger, et plus de 40 % du stock d'IDE en provenance de l'étranger.

Une étude des ventes des filiales, au niveau des entreprises, dans une sélection de pays révèle des schémas semblables à ceux des échanges transfrontaliers. Les pays inclus dans ces analyses sont l'Allemagne, les États-Unis, la Finlande, l'Italie, le Japon et le Royaume-Uni[16]. Les sociétés de services multinationales ont tendance à être plus grandes et plus productives que les entreprises locales, y compris, parmi ces dernières, celles qui pratiquent l'exportation. Les ventes des filiales étrangères, par produit et par destination, sont en moyenne plus de dix fois plus élevées que les exportations de services transfrontières.

Les prestataires de services multinationaux sont peu nombreux par rapport au nombre d'exportateurs de services transfrontières. Pourtant, les ventes de leurs filiales à l'étranger constituent la majeure partie du total des échanges de services, tous modes confondus. En Allemagne, les ventes des filiales à l'étranger représentent jusqu'à 80 % du total des exportations de services dans la plupart des secteurs. À l'instar des exportateurs de services, les sociétés multinationales ont tendance à dépendre fortement de leur principal marché

Graphique 1.9. **Stock d'investissement direct étranger, 2015**

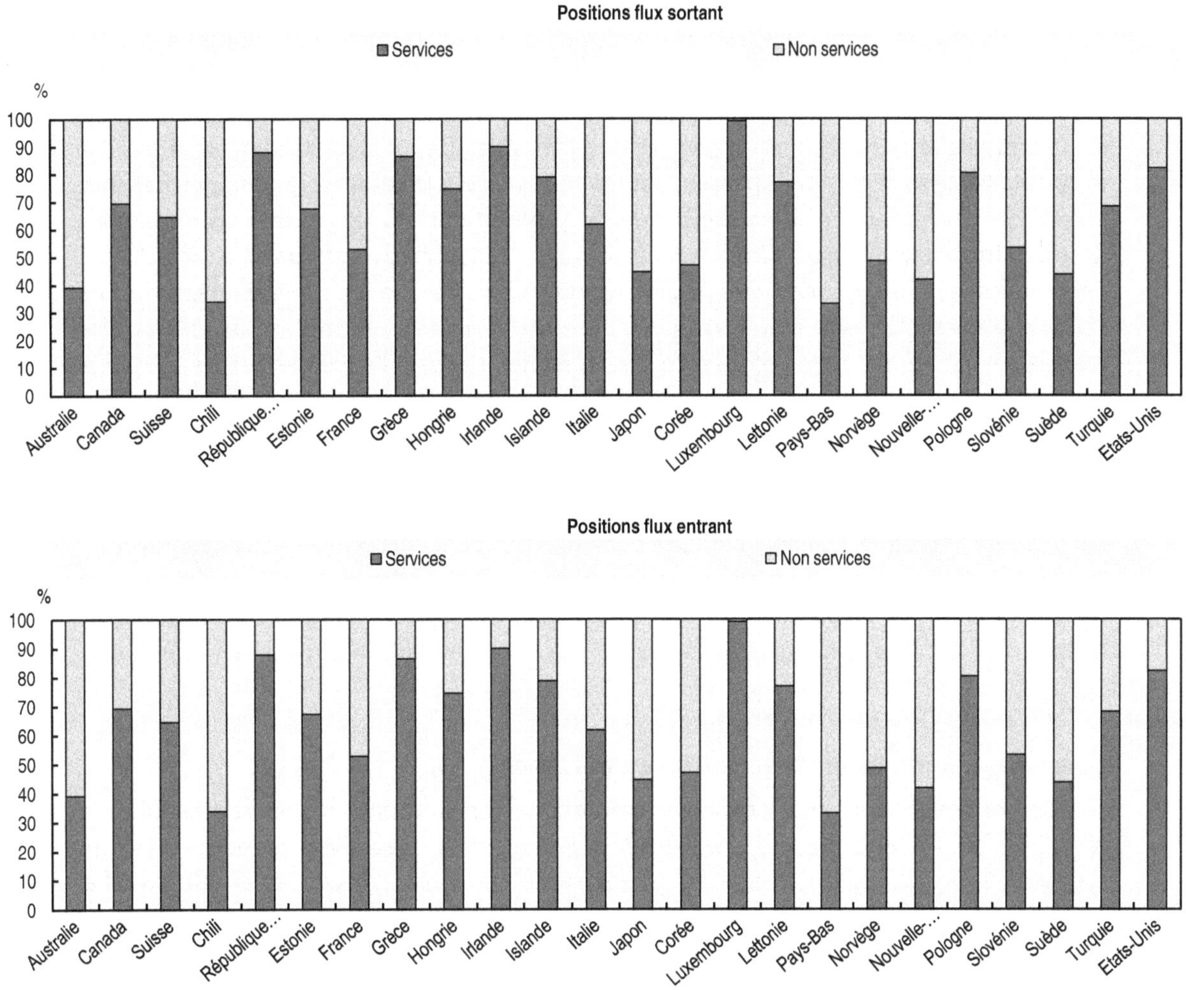

Positions flux sortant

Services / Non services

%

Australie, Canada, Suisse, Chili, République..., Estonie, France, Grèce, Hongrie, Irlande, Islande, Italie, Japon, Corée, Luxembourg, Lettonie, Pays-Bas, Norvège, Nouvelle-..., Pologne, Slovénie, Suède, Turquie, États-Unis

Positions flux entrant

Services / Non services

%

Australie, Canada, Suisse, Chili, République..., Estonie, France, Grèce, Hongrie, Irlande, Islande, Italie, Japon, Corée, Luxembourg, Lettonie, Pays-Bas, Norvège, Nouvelle-..., Pologne, Slovénie, Suède, Turquie, États-Unis

Source : OCDE, Statistiques sur l'IDE.

d'exportation, qui est le plus souvent un pays voisin. Les multinationales européennes, par exemple, s'implantent le plus souvent dans d'autres pays de l'UE, même si les États-Unis sont le pays d'accueil principal pour les multinationales britanniques, en nombre de filiales. À l'inverse, le Royaume-Uni est le marché d'accueil le plus important pour les sociétés multinationales de services américaines, par le chiffre d'affaires des filiales. La Chine figure en bonne place parmi les marchés d'accueil des multinationales allemandes et japonaises, puisqu'elle se classe au deuxième rang des destinations pour ces deux pays. La part des prestations de services transfrontières qui est assurée par des sociétés de services multinationales vers le même pays et dans le même secteur est étonnamment faible, ce qui semble indiquer que les échanges de services multimodaux ne sont pas très courants, sauf dans les transports maritimes et aériens.

La caractéristique pour laquelle il existe d'importantes différences qualitatives entre les sociétés de services multinationales et les prestataires de services transfrontières est la composition par type de produit de leur activité commerciale. Les secteurs les plus numérisés, les services informatiques, d'architecture et d'ingénierie font souvent l'objet de prestations transfrontières, tandis que les échanges de services de distribution passent généralement par la présence commerciale à l'étranger. Pour les autres segments du secteur des services, le mode de fourniture qui domine varie largement d'un pays à l'autre.

En résumé, les exportateurs de services sont des entreprises plus grandes et plus productives que les non-exportateurs, et les sociétés de services multinationales qui exportent sont encore plus grandes. La présence commerciale à l'étranger est de loin le mode de fourniture le plus répandu, suivi par les échanges de services transfrontières. Les exportateurs de services, qu'ils passent par les prestations transfrontières ou par la présence à l'étranger, ont tendance à concentrer leurs exportations sur un ou quelques marchés destinataires et sur quelques produits. Compte tenu de la migration généralisée des activités de services vers l'économie numérique, on pourrait s'attendre à ce que la prestation de services transfrontières se soit développée plus vite et ait attiré davantage de PME sur les marchés internationaux que ce n'est le cas en réalité. Comme l'expliqueront les chapitres suivants, les obstacles réglementaires aux échanges et à l'investissement nuisent de façon disproportionnée aux PME. En outre, dans les secteurs des SFIC, les prestations transfrontières pour les services à haute valeur ajoutée sont fortement complémentaires du déploiement de personnel dans les locaux des clients pendant de courtes périodes. Le chapitre 2 montre que le mouvement des personnes est généralement le mode de fourniture le plus restrictif, ce qui pourrait considérablement freiner les prestations de services transfrontières. Une préoccupation plus récente pour les exportateurs de services concerne la limitation des flux de données nécessaires pour se lancer dans la transition numérique.

Les services dans l'économie numérique

Les services professionnels seront-ils automatisés ?

L'essor des services sur les marchés internationaux résulte dans une large mesure de la révolution des TIC (encadré 1.1). Une fois que la production d'une activité de service peut être codifiée, elle peut aussi, en principe, être numérisée et transmise dans le monde entier via les réseaux électroniques. Les services professionnels illustrent bien ce phénomène. En effet, ils génèrent des produits basés sur la capture des connaissances, qui peuvent être stockés et auxquels on peut ensuite accéder de façon répétée. Des exemples en sont les logiciels d'automatisation des services professionnels, qui gagnent du terrain dans l'architecture, la comptabilité, les services juridiques et le conseil en gestion. La conception assistée par ordinateur (CAO) qui mène à la fabrication assistée par ordinateur (FAO) pour former des systèmes CFAO est communément utilisée dans nombre d'industries manufacturières depuis des décennies. Ce qui est nouveau, depuis quelques années, c'est que la CAO peut être séparée de la FAO dans le temps et l'espace ainsi que sur le plan institutionnel.

Encadré 1.1. **Les télécommunications et l'économie numérique**

Les télécommunications constituent l'épine dorsale et l'infrastructure sur lesquelles repose l'économie numérique. D'après Cisco, l'un des grands opérateurs de réseaux, le trafic internet à l'échelle mondiale est passé de 100 gigaoctets par jour en 1992 à plus de 20 000 gigaoctets par seconde en 2015. Le matériel utilisé pour acheminer le trafic internet évolue rapidement. Alors que les ordinateurs étaient l'appareil dominant, les dispositifs de machine à machine (M2M) sont les outils qui connaissent actuellement la plus forte croissance, suivis par les smartphones et les téléviseurs connectés. Néanmoins, les ordinateurs personnels acheminent encore la majeure partie du trafic (67 % en 2015), suivis par les smartphones et les téléviseurs connectés. Les connexions M2M gagnent rapidement du terrain, tant sur le marché grand public que sur les marchés professionnels. Sur le marché de la grande consommation, les usages les plus fréquents sont les

Encadré 1.1. **Les télécommunications et l'économie numérique** *(suite)*

applications connectées pour la maison et pour la santé, tandis que, du côté des entreprises, les dispositifs qui se développent le plus rapidement sont un large éventail de services géolocalisés tels que la gestion des chaînes d'approvisionnement et des flottes de transport, ou encore la téléconférence. La croissance de la demande de produits numériques plus perfectionnés, comme la vidéo ou des services de paiement sûrs et fiables, pour n'en citer que quelques-uns, dépend évidemment de connexions à haut débit et de bonne qualité. En 2015, le trafic destiné à la grande consommation représentait plus de 80 % du trafic internet et IP géré. Le graphique 1.10 illustre le débit moyen pour la large bande, la téléphonie mobile et le wifi, par grande région, en 2015.

Il existe de grandes différences entre les régions : c'est l'Asie-Pacifique – menée par la Corée et le Japon – qui affiche le plus haut débit moyen pour la large bande, et l'Amérique du Nord, la plus grande vitesse pour la téléphonie mobile et le wifi. L'Amérique latine, le Proche-Orient et l'Afrique arrivent assez loin derrière mais, d'après les prévisions, ces régions devraient connaître des progrès plus rapides au cours des trois prochaines années. De surcroît, les régions en retard n'ont pas seulement des connexions plus lentes, elles ont aussi beaucoup moins de connexions. La clé d'un accroissement du débit est l'investissement dans l'infrastructure, lequel est à son tour favorisé par un secteur des télécommunications ouvert et bien réglementé (Nordås et Rouzet, 2016).

Graphique 1.10. **Débit de l'internet, 2015**

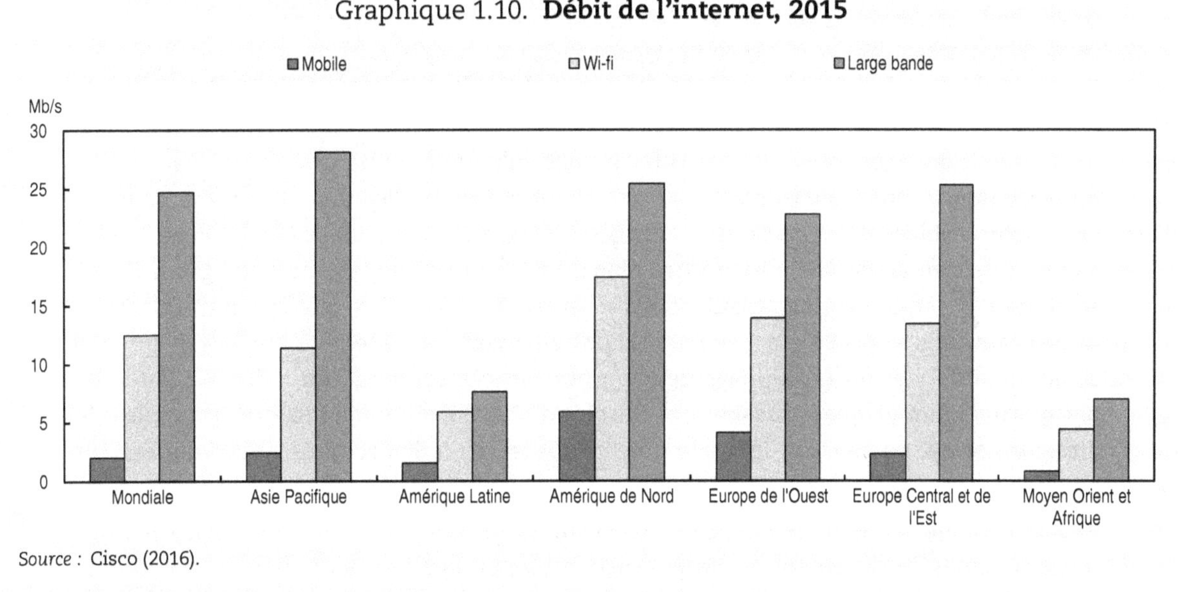

Source : Cisco (2016).

Les connaissances peuvent être numérisées, mais elles doivent néanmoins être expliquées

Dans les transactions interentreprises, l'automatisation des services professionnels est principalement utilisée par les professionnels pour rationaliser leurs services et tirer parti de l'expérience acquise lors des projets précédents. Mais les interactions personnelles avec les clients restent au cœur de leur activité. Les situations dans lesquelles les entreprises ont typiquement besoin d'un appui professionnel sont la phase d'innovation de produit ou de procédé, l'adoption d'une nouvelle technologie, l'entrée sur un nouveau marché ou la mise en conformité avec une nouvelle réglementation. Face à de nouvelles conditions de marché, les dirigeants et le personnel d'une entreprise manufacturière, par exemple, peuvent se trouver incapables de détecter les opportunités disponibles et les moyens de les exploiter sans aide extérieure, même lorsqu'ils ont accès à des informations en ligne. Le modèle opérationnel habituel de sociétés de services professionnels ou autres, à forte intensité de connaissances, associe par conséquent des services de base automatisés, fournis sur des plateformes numériques, et la collaboration avec les clients pour les aider à trouver des solutions à l'heure de prendre d'importantes décisions stratégiques. Les éléments codifiés et tacites des SFIC sont hautement complémentaires, et généralement rassemblés au sein d'un même contrat avec le client.

Cela ne signifie pas pour autant que les SFIC ne sont pas perturbés par la révolution numérique. Des tâches routinières telles que remplir une déclaration fiscale, tenir la comptabilité et toute une série de fonctions de gestion des ressources humaines et de la clientèle sont de plus en plus souvent assurées par le recours à des services professionnels automatisés. Ceux-ci peuvent être acquis sous forme de logiciel commercial, ou en tant que logiciel-service sur un serveur distant. En outre, les avancées de la modularisation entament le cœur des services aux entreprises. La numérisation des services professionnels peut être envisagée comme un processus d'apprentissage. Les nouvelles connaissances de pointe sont souvent tacites au départ mais, au fil du temps, elles sont mieux comprises et, une fois pleinement appréhendées, elles peuvent être codifiées et numérisées. L'apprentissage automatique accélère ce processus en repérant les éléments et schémas communs sous-jacents aux informations accumulées par les professionnels et leurs clients.

La numérisation rend les services professionnels de base abordables pour les consommateurs et les PME

Les avis divergent sur l'ampleur de l'impact qu'aura la numérisation sur les services professionnels. Tous les observateurs s'accordent à dire que les tâches routinières telles que la comptabilité et les déclarations fiscales deviennent des services en ligne et que les particuliers comme les PME ne pourront plus utiliser que des plateformes en ligne pour les accomplir. L'opinion la plus radicale en la matière consiste à dire que le droit exclusif de fournir certains services par des professionnels agréés est menacé par le fait que les consommateurs et les entreprises peuvent assurer ces services eux-mêmes à l'aide de plateformes numériques. Susskind et Susskind (2015) donnent plusieurs exemples de plateformes qui deviennent le mode dominant d'accès à des connaissances qui étaient jusque-là fournies par des professionnels.

- Chaque année, le nombre de différends entre usagers de eBay qui sont résolus par des mécanismes de règlement des litiges disponibles en ligne est supérieur au nombre de procès intentés dans l'ensemble du système judiciaire américain.
- En 2014, aux États-Unis, 48 millions de personnes ont rempli leur déclaration de revenus à l'aide d'un logiciel en ligne au lieu de faire appel à un comptable.
- Une communauté en ligne a conçu et construit une maison pour 50 000 GBP à Londres en 2014.

Ces exemples pourraient toutefois aussi signifier que les SFIC en ligne abaissent le seuil d'utilisation, par les consommateurs et les petites entreprises, de services qui seraient, sinon, d'un coût inabordable. Si tel est le cas, les SFIC en ligne auraient pour effet non pas d'étouffer l'activité de professionnels agréés, mais de développer la base de clientèle. Confirmant cette interprétation, d'autres chercheurs constatent que, même si le modèle opérationnel des SFIC est transformé par la numérisation, le fonctionnement des SFIC n'est, dans l'ensemble, pas perturbé[17].

Le fait que l'usager doive dispose d'une somme considérable de compétences et de capacités pour profiter pleinement des services professionnels en ligne peut atténuer les conséquences des services en ligne pour les SFIC traditionnels. En particulier, l'usager doit être capable de formuler un problème de manière concise et d'appliquer les solutions proposées, ce qui constitue une partie importante de la panoplie de services qu'offrent les prestataires de SFIC. La littérature sur le sujet fournit de nombreux exemples montrant que l'usage de services en ligne est bien moins développé dans les PME que dans les grandes entreprises (OCDE, 2017).

Comme le démontreront les chapitres suivants, le potentiel de partage de connaissances et de diffusion des technologies par le commerce international des services professionnels est loin d'être pleinement exploité. En effet, les marchés sont fragmentés sous l'effet de différences géographiques, institutionnelles, culturelles et réglementaires, et en particulier à cause des droits exclusifs dont jouissent certaines professions pour fournir des services dans certaines juridictions. En outre, de nombreux pays interdisent les activités pluridisciplinaires couvrant plusieurs professions. À l'heure où s'estompent les frontières entre différentes professions, il est peut-être temps de repenser la conception de régimes réglementaires vieux de plusieurs siècles qui s'appliquent à certaines professions.

Encadré 1.2. « *Born global* » : les micro-, petites et moyennes entreprises (MPME) dans l'économie numérique

Le concept appelé « *Born global* » est né au début des années 1990 pour désigner les entreprises à internationalisation rapide et précoce (EIRP). Il s'agit généralement d'entreprises qui se lancent à l'international dans les trois ans suivant leur création et qui tirent au moins 25 % de leur chiffre d'affaires d'un marché extérieur à leur pays d'origine. Plusieurs études montrent que d'importants moteurs poussant ces entreprises à s'internationaliser très tôt résident dans la petite taille du marché intérieur, le potentiel de reproduction à plus grande échelle de leur produit, ou encore une stratégie de niche. Les produits des TIC correspondent bien à cette description. Il n'existe guère d'informations systématiques sur le nombre et la nature des EIRP, mais on peut néanmoins distinguer trois grandes catégories : les marchés en ligne, les applications numériques en ligne et les réseaux de production associant activités en ligne et hors-ligne.

Local Motors est un exemple de réseau de production associant activités en ligne et hors-ligne. Il illustre aussi la complémentarité entre biens et services dans une économie moderne. Créée en 2007 aux États-Unis, cette société est spécialisée dans les véhicules construits sur mesure. D'après son site web, c'est une communauté internationale d'enthousiastes, de concepteurs, d'ingénieurs, de fabricants et de spécialistes. La société employait environ 200 personnes en 2016 (contre 15 en 2010), et la communauté compte quelque 50 000 membres dans le monde entier qui collaborent sur des projets de conception. Les plans deviennent des projets par collaboration en ligne, et les automobiles sont construites à la demande dans des micro-usines. La société possède plusieurs micro-usines aux États-Unis et une en Allemagne. Le projet emblématique, à l'heure actuelle, est un véhicule électrique sans

Encadré 1.2. **« *Born global* » : les micro-, petites et moyennes entreprises (MPME) dans l'économie numérique** *(suite)*

conducteur dénommé Olli (photo), et le tout dernier projet est le premier véhicule électrique au monde à être produit par une imprimante 3D (*https://localmotors.com/*).

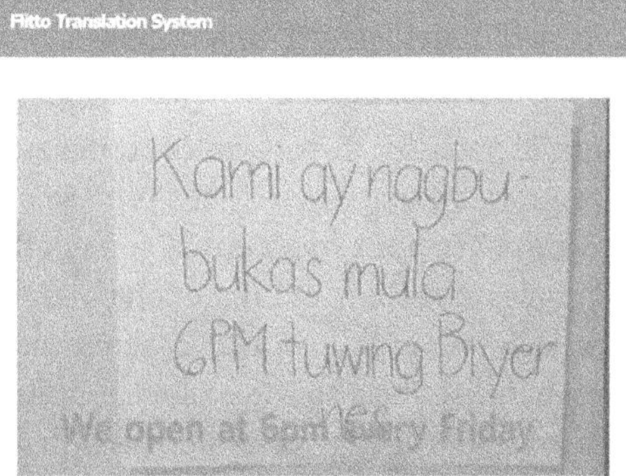

Flitto est un marché en ligne doublé d'une application numérique. Son modèle opérationnel repose sur des services de traduction participative. La société a été fondée en 2012 par trois jeunes Coréens qui ont été admis dans l'incubateur SpringBoard, à Londres. L'application Flitto met en rapport des traducteurs humains avec des clients, en temps réel ; elle compte actuellement six millions d'usagers. Le paiement est constitué par un système de points qui peuvent être achetés ou gagnés en effectuant des traductions. L'application couvre actuellement 17 langues, dont l'allemand, l'anglais, l'arabe, le chinois, le coréen, le français, l'indonésien, le hindi, le japonais et le russe. Les usagers peuvent, par exemple, prendre la photo, avec leur smartphone, d'un message écrit à la main, l'envoyer sur Flitto et, au bout de quelques minutes, un traducteur l'aura traduit dans la langue souhaitée et transmis, comme indiqué sur la photo. Flitto propose aussi des services de traduction professionnels par messagerie directe. Le siège, à Séoul, emploie une quarantaine de personnes et la société a aussi une succursale à Beijing. Les recettes proviennent d'une commission prélevée sur les transactions réalisées sur l'application, mais aussi de la vente des traductions, sous forme de base de données, à des sociétés internet qui les utilisent pour l'apprentissage automatique.

Source : Site web de Flitto (*www.flitto.com*) et présentation de Simon Lee, le PDG de Flitto, lors d'un atelier OCDE/APEC, le 28 août 2015.

L'économie à la demande et les plateformes

Les plateformes prospèrent dans des secteurs de services à forte intensité de main-d'œuvre comme les transports, la distribution, la logistique, les messageries, le bricolage et toutes sortes de services à la personne. À vrai dire, il existe des plateformes pour pratiquement tous les services. Bien qu'il n'existe pas de définition unifiée, on s'accorde généralement à dire qu'une plateforme est, pour l'essentiel, un logiciel, un système d'exploitation ou une base de données sur lesquels tournent d'autres applications, plus petites. Les plateformes abaissent le seuil d'accès au marché pour les créateurs d'entreprise, les PME et les amateurs de toutes sortes de passe-temps ; elles réduisent considérablement les coûts de transaction en rassemblant de gros volumes de données qui assoient la réputation et suscitent la confiance ; et elles intègrent généralement des systèmes de paiement sécurisés.

Plateformes et applications s'appuient souvent dans une large mesure sur l'innovation menée par les usagers. Par exemple, les usagers jouent un rôle très important dans la création et la diffusion des services financiers fournis sur les réseaux et applications mobiles. Il est à noter, en outre, que ces services ont d'abord pris pied dans les pays en développement et, de là, se sont diffusés vers les pays développés. Nécessité étant mère d'invention, ces services sont nés lorsque la population des pays en développement, pratiquement privée de services bancaires, a pu accéder au téléphone portable (van der Boor et al., 2014). La « banque mobile » n'est que l'un de ces produits de la « fintech ». D'autres exemples de produits qui sont apparus d'abord dans les pays développés sont les plateformes de financement entre particuliers, les places boursières électroniques et même les robots-conseillers, qui font de l'analyse de marché pour les investisseurs.

La contribution effective et potentielle des plateformes à l'économie fait l'objet de nombreux débats dans la littérature sur le sujet. Leur rôle principal est-il d'améliorer l'utilisation des capacités en faisant travailler des actifs inutilisés comme des logements ou des véhicules, et d'offrir des opportunités de travail flexible à des personnes qui, autrement, n'auraient pas de travail ? Airbnb est un bon exemple : ce marché en ligne de services d'hébergement, fondé en 2008, s'est développé très rapidement et offre actuellement plus de 2 millions de références, plus que toute chaîne hôtelière (Luca, 2017). Ou alors ces plateformes offrent-elles de nouvelles occasions, pour des prestataires de services individuels, d'entrer en concurrence avec des entreprises et, pour des jeunes pousses, de s'internationaliser dès leur création ? Une réponse rapide est que les plateformes peuvent être à la fois une aubaine pour les consommateurs et les entreprises, comme le montrent les SFIC et l'encadré 1.2, et un élément perturbateur pour les prestataires de services traditionnels.

Les conséquences des plateformes pour le marché du travail sont l'une des grandes préoccupations que suscite l'économie numérique mondialisée sur le plan social. Il est clair que l'importance relative du travail non standard s'est accrue ces dernières années dans la plupart des pays de l'OCDE (OCDE, 2016), mais le rapport avec les plateformes numériques et la mondialisation des services est, lui, moins évident. Le travail non standard est défini comme étant exercé par les travailleurs indépendants (à leur compte), les salariés temporaires à plein temps et les employés à temps partiel. Parmi eux, les travailleurs indépendants sont probablement la catégorie la plus concernée par les plateformes[18].

Comme l'indique le graphique 1.11, la part du travail indépendant dans le total de l'emploi civil était comprise, en 2015, entre 6 % environ au Luxembourg et aux États-Unis et 51 % en Colombie. D'autres pays où l'exercice indépendant représente plus de 30 % de la population active sont la Grèce (35 %), la Turquie (33 %) et le Mexique (32 %). Sur les 34 pays, principalement de l'OCDE, inclus dans les données, seuls six (l'Estonie, la Finlande, les Pays-Bas, la République slovaque, la République tchèque et le Royaume-Uni) ont vu le travail indépendant progresser sur la période 2000-2015, les plus fortes hausses étant observées aux

Graphique 1.11. **Part des travailleurs indépendants dans la population active civile**

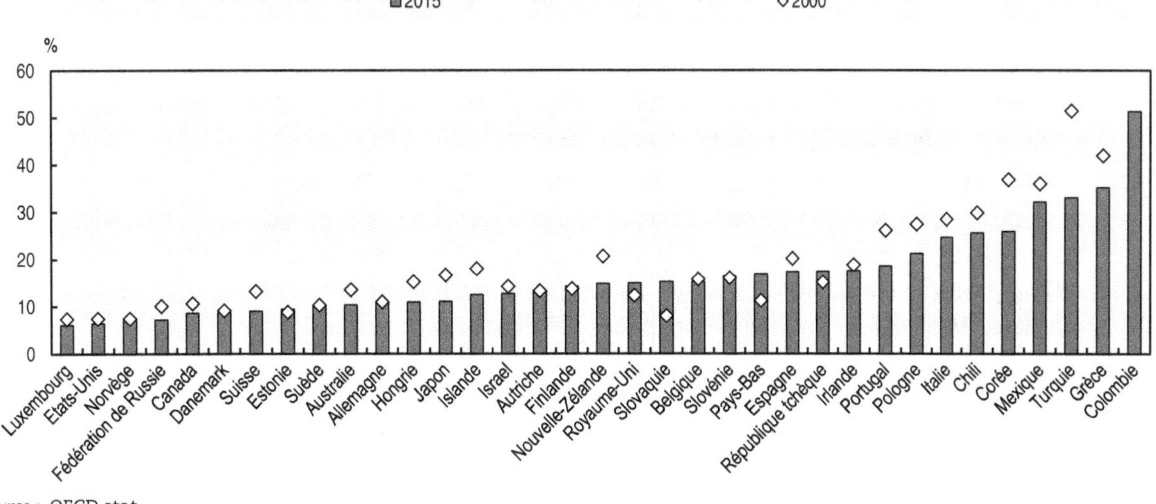

Source : OECD.stat.

Pays-Bas, en République slovaque et au Royaume-Uni. Dans les 28 autres pays, le taux d'emploi indépendant a reculé entre 2000 et 2015.

Le travail indépendant recouvre beaucoup plus d'activités que celles qui sont facilitées par les plateformes et, à ce jour, ces dernières ne semblent jouer qu'un rôle mineur. Ainsi, de récentes estimations laissent penser que, aux États-Unis, la part de la population active qui travaille par le biais de plateformes de main-d'œuvre serait comprise entre 0.4 % et 0.9 %. Les services fournis par des plateformes continuent de se développer rapidement, mais pas aussi vite que dans un passé récent (Farrell et Greig, 2016 ; Katz et Krueger, 2016)[19]. Une conclusion commune est que le taux de rotation est élevé dans ces activités : moins de la moitié des participants, du côté de l'offre, restent sur une plateforme donnée pendant plus de douze mois, et un sixième environ des participants, au cours d'un mois donné, sont des nouveaux venus. Enfin, les gains mensuels moyens, sur les plateformes de main-d'œuvre, ont diminué entre 2014 et 2016 (Farrell et Greig, 2016).

Les plateformes : des monopoles naturels ?

Les plateformes ne servent pas simplement à relier fournisseurs et clients : ce sont aussi des entreprises à part entière. Les plateformes numériques les plus connues sont relativement récentes, et elles se sont développées très rapidement pour dominer le secteur dans lequel elles opèrent. L'actif stratégique des plateformes est constitué par les informations qu'elles obtiennent des participants. Plus les participants sont nombreux sur une plateforme, plus celle-ci recueille d'informations et plus elle devient rentable : c'est ainsi qu'il se crée un cercle de rétroaction vertueux. Plus les participants sont nombreux d'un côté d'une plateforme, plus ils attirent de participants de l'autre côté, induisant une croissance rapide une fois franchi un seuil critique. À l'inverse, si une plateforme ne parvient pas à atteindre une masse critique en quelques années, elle disparaîtra rapidement. Lorsqu'elles réussissent, les plateformes peuvent donc dominer complètement leur marché, voire, dans certains cas, présenter des caractéristiques de monopoles naturels. Elles sont généralement d'envergure mondiale et, selon le marché où elles opèrent, elles peuvent relier fournisseurs et clientèle sur un marché local (pour des services à la personne, par exemple) ou sur un marché mondial (film, musique, design, logiciel-service, notamment).

Les conséquences d'une présence dominante de plateformes mondiales pour la politique de la concurrence font débat. Les indicateurs habituels d'un pouvoir de marché significatif, comme la part de marché, une fixation des prix au-dessus des coûts moyens à long terme ou l'ampleur des marges bénéficiaires, ne s'appliquent pas à des marchés à intervenants multiples (Evans et Schmalensee, 2013 ; Evans, 2016). Pour déterminer si des mesures antitrust s'imposent, il faudrait appliquer une méthodologie plus rigoureuse, qui prenne en considération toutes les facettes du marché au cas par cas.

En résumé, la numérisation joue un rôle central dans la réalisation de gains de productivité dans les services mais aussi dans la possibilité d'échanger des services par-delà les frontières. À l'instar des révolutions technologiques du passé, la transition numérique recèle, pour les consommateurs, un énorme potentiel de gain, tout en perturbant les marchés, les modèles opérationnels et surtout le marché du travail existants.

Conclusion

Dans le monde entier, les services occupent une place croissante dans l'emploi et la consommation, sous l'effet combiné du progrès technique, de l'urbanisation et de facteurs liés à la demande. La technologie a réduit le coût des échanges et des transactions, tant pour les biens que pour les services, ce qui favorise une division du travail plus marquée et des réseaux de production plus complexes et à plus forte intensité de services. L'étroite relation qui existe entre le commerce des biens et celui des services est également illustrée par le fait que le volume de services exportés inclus dans des produits d'autres secteurs est plus grand que celui des services exportés directement. De plus, les trois quarts des services fournis directement à l'étranger sont des intrants intermédiaires, ce qui semble indiquer que les échanges de services transfrontières sont en grande partie des transactions interentreprises (B2B). Par conséquent, les flux d'échanges de biens et services évoluent dans le même sens et devraient être envisagés comme des activités complémentaires sur les marchés internationaux. Il s'ensuit que les mesures qui restreignent le commerce des services freinent les échanges de services mais aussi de marchandises.

Les échanges transfrontières de services ne représentent qu'environ 20 % du commerce total des services, une proportion relativement constante depuis des décennies. Avec la transition numérique des services, on pourrait s'attendre à ce qu'une part croissante des services soient fournis directement aux consommateurs à partir de plateformes, d'applications et d'autres formes de réseaux électroniques. Pourtant, il apparaît que l'économie mondiale des services numériques reste une éventualité lointaine. De nombreux facteurs entrent ici en jeu. En premier lieu, des tâches et modules échangeables peuvent compléter des composantes moins facilement échangeables. Par exemple, les connaissances peuvent être codifiées, numérisées et échangées, mais elles doivent néanmoins être interprétées et parfois expliquées par une personne physique au destinataire. Deuxièmement, l'implantation sur les marchés étrangers est souvent coûteuse, ce qui incite la plupart des entreprises, et en particulier les PME, à se concentrer sur leur marché d'origine. Troisièmement, les échanges de services transfrontières sont encore entravés par un certain nombre d'obstacles réglementaires, notamment dans les cas où une licence est exigée et lorsqu'une interaction face à face entre clients et fournisseurs est occasionnellement requise.

Par ailleurs, la part des services dans les stocks d'investissement étranger se rapproche de la part des services dans le PIB. Cette évolution ne signifie pas que les échanges de services par l'intermédiaire de filiales à l'étranger sont libres et gratuits. Elle laisse plutôt penser que les moteurs et les freins à l'investissement étranger seraient d'une ampleur similaire pour les biens et pour les services. Il existe cependant des variations très importantes d'un secteur à l'autre. Par exemple, les services financiers occupent une place démesurée dans les échanges de services résultant d'une présence commerciale à l'étranger. Les services financiers soutiennent toutes sortes d'activités économiques, y compris les échanges et le commerce international, et leur commerce transfrontière fait l'objet d'une réglementation sévère ou d'une interdiction pure et simple. En outre, les prestataires de services financiers doivent évaluer les risques que présentent les clients et les marchés, ce qui est peut-être plus facile lorsqu'ils ont une présence commerciale sur chaque marché. Il se peut donc que la réglementation et le modèle opérationnel privilégié poussent les échanges de services financiers vers le mode 3. Les politiques publiques déterminantes pour les échanges de services sont étudiées en détail au chapitre suivant.

Notes

1. Source : Indicateurs du développement dans le monde (IDM) de la Banque mondiale. La série chronologique pour les pays à revenu intermédiaire remonte à 1960 ; cette année-là, la part des services dans le PIB s'établissait à 36.5 %. Rodrik (2016) observe que, entre 1970 et 2013, la part des industries manufacturières dans le PIB, mesurée à prix constants, est restée stable à l'échelle

mondiale et aux États-Unis, a sensiblement augmenté en Chine et dans le reste de l'Asie, et a un peu diminué dans tous les autres pays.

2. Pour une chronique passionnante des transformations que la technologie, les échanges et l'essor des services modernes ont introduites dans la vie de l'Américain moyen, voir Gordon (2016). Voir aussi De Backer et al. (2016) pour une évaluation de l'impact de la relocalisation sur le marché du travail.

3. La productivité est ici mesurée par la productivité totale des facteurs (PTF), qui calcule le changement du volume de la production par rapport aux variations de l'utilisation des facteurs capital, main-d'œuvre et intrants intermédiaires. Si le volume de production augmente plus vite que le volume des facteurs, alors la PTF s'élève. La base de données EU KLEMS contient des données actualisées sur la PTF pour seulement dix pays, parmi lesquels les trois plus grands et une petite économie ont été sélectionnés. Les données pour les États-Unis font apparaître des schémas similaires, c'est-à-dire que la croissance de la productivité manufacturière est en retard sur celle de nombreuses catégories de services sur cette période. La classification sectorielle est toutefois différente, et les informations sont disponibles à différents degrés d'agrégation.

4. En France et au Royaume-Uni, le commerce de gros et de détail emploie plus de travailleurs que les industries manufacturières.

5. Voir, par exemple, Aarikka-Stenroos et Jaakkola (2012), Amiti et Wei (2009), Ciriaci et al. (2015) et Rubalcaba et Kox (2007).

6. D'après une note récente de Arthur D. Little, les services après-vente représentaient, en 2015, 23 % du chiffre d'affaires et 54 % des bénéfices de l'industrie automobile. *www.adlittle.com/downloads/tx_adlreports/AMG_Automotive_after_sales_2015_01.pdf*

7. Dans la littérature de gestion, ce phénomène est dénommé « paradoxe de servicisation » (Gebauer et al., 2005 ; Cenamour et al., 2016).

8. Voir *http://unstats.un.org/unsd/nationalaccount/sna.asp*.

9. Certains auteurs appellent « services du quaternaire » ces activités à forte intensité de connaissances, estimant qu'elles constituent un nouveau secteur, qualitativement différent du secteur tertiaire.

10. Les trois observations situées au-dessous du nuage, pour les exportations, représentent l'Islande dans les années 1960. Par la suite, ce pays a fortement développé ses exportations de services, en particulier dans le transport aérien. Les observations à gauche du nuage représentent Tuvalu, dont les exportations sont largement concentrées dans le secteur du tourisme.

11. Les informations relatives aux activités internationales des entreprises ne sont pas faciles à obtenir. Les agences statistiques des pays couverts par cette analyse ont aimablement autorisé les auteurs à analyser des données anonymisées, dans des conditions de stricte confidentialité. Les réserves suivantes s'appliquent : ces travaux reprennent des données statistiques émanant de l'Office for National Statistics (ONS), protégées par les droits d'auteur de la Couronne. L'utilisation des statistiques de l'ONS dans la présente étude n'implique pas que l'ONS approuve l'interprétation ou l'analyse qui en est faite. Cette étude utilise des ensembles de données de recherche qui ne correspondent pas toujours exactement aux agrégats de l'ONS. L'analyse statistique, au niveau des entreprises, des données américaines sur les entreprises multinationales et les exportateurs de services a été menée au bureau de l'analyse économique du ministère américain du Commerce dans le cadre de dispositions respectant les obligations légales de confidentialité. Les opinions exprimées sont celles des auteurs et ne reflètent pas la position officielle du ministère du Commerce.

12. Voir par exemple Wagner (2012) pour une récente étude de la littérature descriptive examinant la structure du commerce international à partir de l'analyse de données au niveau des entreprises.

13. La répartition des exportations entre les marchés destinataires semble suivre une courbe de Pareto.

14. Voir Eurostat (2016) *http://ec.europa.eu/eurostat/statistics-explained/index.php?title=Services_trade_statistics_by_modes_of_supply&oldid=320612*.

15. Voir Rouzet et al. (2017), qui estiment la présence commerciale à 69 % du total, les échanges transfrontaliers à 23 % et la consommation à l'étranger à 8 %. Les échanges passant par le déplacement des personnes ne représentent qu'une petite fraction du total.

16. Pour une analyse approfondie, voir Rouzet et al. (2017).

17. Voir Forum économique mondial, *White Paper* (2017).

18. Il existe des différends quant à la question de savoir dans quelle mesure des plateformes de main-d'œuvre comme Uber doivent être considérées comme équivalentes à de l'emploi. Les critères retenus semblent porter sur le degré de contrôle qu'exerce la plateforme sur la conduite, le prix, les

horaires de travail et les conditions d'exercice des participants. Une récente décision de justice au Royaume-Uni, par exemple, a conclu que les chauffeurs d'Uber devaient être considérés comme des employés. Il a été fait appel de cette décision. *www.judiciary.gov.uk/wp-content/uploads/2016/10/aslam-and-farrar-v-uber-reasons-20161028.pdf.*

19. Les plateformes de main-d'œuvre sont des sites qui mettent des clients en rapport avec des travailleurs indépendants ou occasionnels effectuant des tâches ou projets intermittents. La croissance annuelle de la participation à de telles plateformes se chiffrait à 102 % en juillet 2016, contre près de 500 % en juillet 2014.

Références

Aarikka-Stenroos, L. et E. Jaakkola (2012), « Value co-creation in knowledge intensive business services: A dyadic perspective on the joint problem solving process », *Industrial Marketing Management*, vol. 41, pp. 15-26.

Amiti, M. et S.-J. Wei (2009), « Services offshoring and productivity: Evidence from the US », *The World Economy*, vol. 32, pp. 203-220.

Benz, S., A. Khanna et H.K. Nordås (2017), « Services and performance of the Indian economy: Analysis and policy options », *Documents de travail de l'OCDE sur la politique commerciale*, n° 196, Éditions OCDE, Paris.

Borchert, I. et A. Mattoo (2010), « The crisis resilience of services trade », *The Services Industry Journal*, vol. 30, pp. 2115-2136.

Ciriaci, A., S. Montresor et D. Palma (2015), « Do KIBS make manufacturing more innovative? An empirical investigation of four European countries », *Technological Forecasting and Social Change*, vol. 95, pp. 35-151.

Cisco (2016), « The zettabyte era: Trends and analysis », *www.cisco.com/c/en/us/solutions/collateral/service-provider/visual-networking-index-vni/vni-hyperconnectivity-wp.html.*

De Backer, K. et S. Miroudot (2013), « Mapping global value chains », *Documents de travail de l'OCDE sur la politique commerciale*, n° 159, Éditions OCDE, Paris, *http://dx.doi.org/10.1787/5k3v1trgnbr4-en.*

De Backer, K., C. Menon, I. Desnoyers-James et L. Moussiegt (2016), « La Relocalisation : Mythe ou réalité ? », *OECD Science, Technology and Industry Policy Papers*, n° 27, Éditions OCDE, Paris, *http://dx.doi.org/10.1787/5jm3tqx59bhd-fr.*

Evans, D.S. (2016), « Multisided platforms, dynamic competition, and the assessment of market power for internet-based firms », *Chicago Coase-Sandor Institute for Law and Economics Working Paper*, n° 753, *https://papers.ssrn.com/sol3/papers.cfm?abstract_id=2746095.*

Evans, D.S. et R. Schmalensee (2013), « The antitrust analysis of multi-sided platforms businesses », *NBER Working Paper no 18783*, *www.nber.org/papers/w18783.pdf.*

Eurostat (2016), « Services trade statistics by mode of supply », Statistics Explained, *http://ec.europa.eu/eurostat/statistics-explained/index.php?title=Services_trade_statistics_by_modes_of_supply&oldid=310579.*

Farrell, D. et F. Greig (2016), « The online platform economy: Has growth peaked? », JP Morgan Chase & Co. Institute, novembre, *www.jpmorganchase.com/corporate/institute/document/jpmc-institute-online-platform-econ-brief.pdf.*

Gebauer, H., E. Fleisch et T. Friedli (2005), « Overcoming the services paradox in manufacturing companies », *European Management Journal*, vol. 23, pp. 14-26.

Gordon, R.J. (2016), *The rise and fall of American growth: The US standard of living since the Civil War*, Princeton University Press, Princeton, New Jersey.

Haugh, D., A. Kopoin, E. Rusticelli, D. Turner et R. Dutu (2016), « Cardiac arrest or dizzy spell: Why is world trade so weak and what can policy do about it? », *OECD Economic Policy Papers*, n° 18, Éditions OCDE, Paris, *http://dx.doi.org/10.1787/5jlr2h45q532-en.*

Johnson, R.C. et G. Noguera (2016), « A portrait of trade in value added over four decades », *NBER Working Paper n° 22974*, *www.nber.org/papers/w22974.*

Katz, L. et A. Krueger (2016), « The rise and nature of alternative work arrangements in the United States, 1995-2015 », *NBER Working Paper n° 22667*, septembre, *www.nber.org/papers/w22667.*

Lodefalk, M. et H.K. Nordås (2017), « Trading firms and trading costs in services: The case of Sweden », Örebro University, School of Business, Working Paper 4/2017, *www.oru.se/globalassets/oru-sv/institutioner/hh/workingpapers/workingpapers2017/wp-4-2017.pdf.*

Luca, M. (2017), « Designing online market places: Trust and reputation mechanisms », *Harvard Business School, Working Paper* n° 17-017, *www.hbs.edu/faculty/Publication%20Files/17-017_ec4ccdc0-4348-4eb9-9f46-86e1ac696b4f.pdf.*

Miroudot, S. et C. Cadestin (2017), « Services in global value chains: From inputs to value-creating activities », *Documents de travail de l'OCDE sur la politique commerciale*, n° 197, Éditions OCDE, Paris, *http://dx.doi.org/10.1787/465f0d8b-en.*

Nagengast, A.J. et R. Stehrer (2016), « The great collapse in value added trade », *Review of International Economics*, vol. 24, pp. 392-421.

Nordås, H. et D. Rouzet (2015), « The impact of services trade restrictiveness on trade flows: First estimates », *Documents de travail de l'OCDE sur la politique commerciale*, n° 178, Éditions OCDE, Paris, *http://dx.doi.org/10.1787/5js6ds9b6kjb-en.*

OCDE (2017), *Key issues for digital transformation in the G20*, Rapport établi pour une conférence conjointe de la Présidence allemande et de l'OCDE, Berlin, janvier, *www.oecd.org/g20/key-issues-for-digital-transformation-in-the-g20.pdf.*

OCDE (2016), « New forms of work in the digital economy », *Documents de travail de l'OCDE sur l'économie numérique*, n° 260, Éditions OCDE, Paris, *http://dx.doi.org/10.1787/5jlwnklt820x-en.*

Rodrik, D. (2016), « Premature deindustrialization », *Journal of Economic Growth*, vol. 21, pp. 1-33.

Rouzet, D., S. Benz et F. Spinelli (2017), « Trading firms and trading costs in services », *Documents de travail de l'OCDE sur la politique commerciale*, à paraître.

Rubalcaba, L. et H. Kox (dir. pub.) (2007), *Business services in European economic growth*, Houndmills, Basingstoke, Palgrave MacMillan, Hampshire.

SCN (2008), *Système de comptabilité nationale des Nations Unies, https://unstats.un.org/unsd/nationalaccount/default.asp.*

Susskind, R. et D. Susskind (2015), *The future of the professions: How technology will transform the work of human experts*, Oxford University Press, Oxford.

Van der Boor, P., P. Oliveira et F. Veloso (2014), « Users as innovators in developing countries: The global sources of innovation and diffusion in mobile banking services », *Research Policy*, vol. 43, pp. 1594-1607.

Wagner, J. (2012), « International trade and firm performance: A survey of empirical studies since 2006 », *Review of World Economics*, vol. 148, pp. 235-267.

Les politiques d'échanges de services dans une économie mondialisée

Chapitre 2

L'environnement réglementaire des services

Le chapitre 2 étudie les mesures en place dans les secteurs de services, en s'appuyant sur les indices et la base de données de l'IRES. Il commence par une brève présentation de l'IRES et de la méthodologie du projet. Il rend compte ensuite des principaux résultats de l'IRES par pays et par secteur et met en évidence les relations entre les services dans le réseau numérique, la chaîne de transport et de distribution, les services d'intermédiation et de soutien, et les services d'infrastructures matérielles. Il présente également les réformes des politiques de services entreprises au cours de la période couverte par l'IRES (2014-16). L'analyse est complétée par de courtes études de cas qui décrivent les effets concrets des obstacles aux échanges de services sur la capacité des entreprises à établir et à conduire des activités dans des pays étrangers.

Le secteur des services regroupe une grande diversité d'activités économiques comme les télécommunications, les services financiers, les transports et les services professionnels. Ces activités sont placées sous la responsabilité de différentes entités gouvernementales et d'organismes professionnels exerçant par délégation un pouvoir réglementaire de contrôle de l'accès à la profession et de son exercice. La diversité et la complexité du secteur constituent un défi pour les responsables des politiques et les négociateurs commerciaux qui doivent obtenir le concours des organismes nationaux de réglementation et tenir compte des intérêts des entreprises et des consommateurs. Les réglementations nationales dans le secteur des services sont en général antérieures aux premiers accords commerciaux internationaux dans ce domaine et diffèrent donc considérablement d'un pays à l'autre, même lorsqu'elles poursuivent les mêmes objectifs. Le niveau des réglementations et leurs divergences peuvent imposer des coûts considérables aux prestataires de services étrangers et protéger les prestataires locaux de la concurrence des fournisseurs étrangers, et parfois également des entrepreneurs locaux.

La base de données et les indicateurs de l'indice de restrictivité des échanges de services (IRES) de l'OCDE apportent des informations comparables sur les réglementations commerciales par secteur et par pays, procurant ainsi aux décideurs publics et à d'autres parties prenantes un outil de suivi de ce domaine complexe. L'IRES permet par exemple aux responsables de l'action publique d'élaborer des solutions de réforme, de les comparer avec les bonnes pratiques mondiales et d'évaluer leurs effets possibles ; il aide les négociateurs commerciaux à recenser les mesures qui entravent les échanges ; et il informe les entreprises sur les conditions d'entrée sur les marchés étrangers. En outre, l'IRES est actualisé chaque année et permet ainsi de suivre l'évolution des politiques de services dans le temps.

Présentation de l'IRES

L'IRES est un outil de diagnostic fondé sur des données qui fournit un instantané actualisé des réglementations touchant les échanges de services dans 44 pays et 22 secteurs représentant plus de 80 % des échanges mondiaux de services (encadré 2.1). La suite de l'IRES comprend les outils suivants : i) une base de données compilées par l'OCDE sur les lois et réglementations en vigueur ; ii) des indices composites dont les valeurs sont comprises entre 0 (ouverture complète aux échanges et à l'investissement) et 1 (fermeture totale du marché aux prestataires de services étrangers), qui donnent une évaluation chiffrée des mesures prises en compte ; et iii) un simulateur de politiques interactif en ligne qui permet à l'utilisateur de faire des comparaisons entre différents pays et de simuler des réformes possibles.

L'IRES a été lancé en 2014 et rassemble maintenant des informations sur trois années consécutives (2014-16). Les mesures visant l'accès au marché et le traitement national sont celles qui s'appliquent au titre de la clause de la nation la plus favorisée et ne tiennent pas compte du traitement national accordé dans le cadre d'accords de libre-échange (ALE).

Encadré 2.1. **Indice de restrictivité des échanges de services de l'OCDE**

La base de données de l'IRES sur les réglementations rassemble des informations provenant de plus de 16 000 lois et réglementations en vigueur dans 22 secteurs et 44 pays, qui sont les 35 pays Membres de l'OCDE ainsi que l'Afrique du Sud, le Brésil, la Chine, la Colombie, le Costa Rica, l'Inde, l'Indonésie, la Lituanie et la Fédération de Russie. Les données ont été recueillies par l'OCDE sur la base d'une méthodologie commune approuvée par les pays de l'OCDE. Elles ont fait l'objet de vérifications et d'examens par les pairs de la part des pays de l'OCDE et ont été partagées avec les économies émergentes. Les mesures figurant dans la base de données de l'IRES se répartissent en cinq catégories :

- Les *restrictions touchant l'entrée sur le marché* comprennent la limitation des participations étrangères, l'obligation pour les membres de la direction ou du conseil d'administration d'être des ressortissants ou résidents du pays, le filtrage des investissements étrangers, les restrictions des fusions et acquisitions internationales, le contrôle des capitaux, les réglementations sur les flux de données transfrontières et diverses mesures sectorielles.
- Les *restrictions touchant le mouvement des personnes* incluent les quotas de visas d'entrée, les examens des besoins économiques et la durée de séjour des personnes transférées au sein des entreprises et des prestataires de services contractuels ou indépendants. Elles sont couvertes par l'AGCS et reposent toutes sur l'idée que les personnes physiques ne sont pas censées chercher d'emploi dans le pays d'accueil. Dans cette catégorie figurent également la reconnaissance des qualifications étrangères et les licences donnant le droit d'exercer dans les professions réglementées.
- Les *autres mesures discriminatoires* incluent la discrimination à l'encontre des prestataires de services étrangers, sous forme de taxes, de subventions et de discrimination dans les procédures de marchés publics, et les situations dans lesquelles les normes nationales diffèrent des normes internationales applicables.
- Les *obstacles à la concurrence* portent sur les mesures de lutte contre les ententes, la détention par l'État de grandes entreprises et le fait que les entreprises publiques bénéficient de privilèges et sont exemptées de l'application des lois et réglementations sur la concurrence. Les réglementations sectorielles en faveur de la concurrence dans les industries de réseau entrent également dans cette catégorie.
- La *transparence de la réglementation* se rapporte à la consultation et à la diffusion des textes des lois et réglementations avant leur entrée en vigueur. Elle inclut également les procédures administratives liées à l'établissement d'une entreprise ou à l'obtention d'une licence ou d'un visa.

Les trois premières catégories concernent des mesures visant généralement l'accès au marché et le traitement national, la quatrième les données sur les réglementations en faveur de la concurrence, ou l'absence de telles réglementations, et la cinquième des informations objectives sur la transparence des procédures administratives. Dans tous les secteurs, un ensemble de mesures essentielles est enregistré, mais leurs caractéristiques précises peuvent différer d'un secteur à l'autre. Par exemple, des informations sont données dans tous les secteurs sur la limitation de la prise de participation étrangère mais leurs paramètres (y compris la mention « aucune limitation ») peuvent être propres au secteur. En outre, certaines mesures mettent en évidence la nature et la structure du marché de chaque secteur. C'est le cas par exemple de diverses mesures relatives à la réglementation en faveur de la concurrence dans les industries de réseau, des conditions d'obtention des licences dans les professions réglementées et des obstacles liés à la discrimination à l'encontre des prestataires étrangers de services financiers.

Les données de l'IRES sont normalisées de façon à faciliter la recherche et la comparaison de mesures spécifiques d'un pays à l'autre. La base de données de l'IRES enregistre les réglementations en vigueur. Dans le cas des États fédéraux, où le secteur peut être réglementé également aux niveaux régional ou local, on choisit un État ou une province représentatif, sur la base de la production, de la population et de la localisation de la plus grande ville.

Encadré 2.1. **Indice de restrictivité des échanges de services de l'OCDE** *(suite)*

Pour définir les indices IRES, on regroupe les réglementations susceptibles de limiter les échanges pour former une mesure composite de la restrictivité. L'approche retenue pour la notation consiste à transformer les informations qualitatives concernant la réglementation en variables binaires. Pour concilier la complexité des restrictions des échanges de services avec la notation binaire, on répartit les mesures non binaires en fonction de seuils multiples ; des mesures complémentaires sont groupées et reçoivent la note 0 si aucune des mesures du lot n'est restrictive. Enfin, lorsqu'une seule restriction enlève toute pertinence aux autres, ces dernières sont automatiquement notées 1.

Le système de pondération choisi pour le calcul de l'IRES repose sur le jugement d'experts. Il a été demandé à de nombreux experts d'attribuer 100 points aux cinq catégories de domaines d'action présentées plus haut. On a ensuite traduit ces points en poids en attribuant le nombre de points affecté au domaine d'action par les experts à chaque mesure relevant de cette catégorie, et en corrigeant les différences pouvant exister entre le nombre de mesures de chaque catégorie. On a testé la sensibilité des indices au système de pondération au moyen de méthodologies nouvelles. Geloso Grosso et al. (2015) expliquent la méthodologie en détail.

Le graphique 2.1 montre la contribution de chaque catégorie de mesures aux indices IRES dans l'hypothèse où toutes les mesures réglementaires incluses dans l'indice sont notées un, soit le régime le plus restrictif possible. Les restrictions à l'entrée sur le marché représentent la plus grande part des indices dans tous les secteurs et pays, avec 44 % de la note globale. La contribution des restrictions touchant le mouvement des personnes, des obstacles à la concurrence et de la transparence de la réglementation est sensiblement la même, à 15 %. D'importantes différences se dégagent cependant entre les secteurs. Dans le secteur des services professionnels, à forte intensité de main-d'œuvre, par exemple, les restrictions touchant le mouvement des personnes représentent une part beaucoup plus grande des indices (33 %). En ce qui concerne les services de télécommunications, secteur soumis aux effets de réseau et à d'importantes économies d'échelle, les obstacles à la concurrence représentent 39 % de la note globale. Dans le secteur des services de transport, les restrictions à l'entrée sur le marché contribuent pour plus de moitié à la note obtenue (54 %), ce qui témoigne de l'importance de ces obstacles qui touchent particulièrement les services fournis au moyen d'une présence commerciale dans le pays d'accueil.

Graphique 2.1. **Contribution aux indices IRES par domaine**

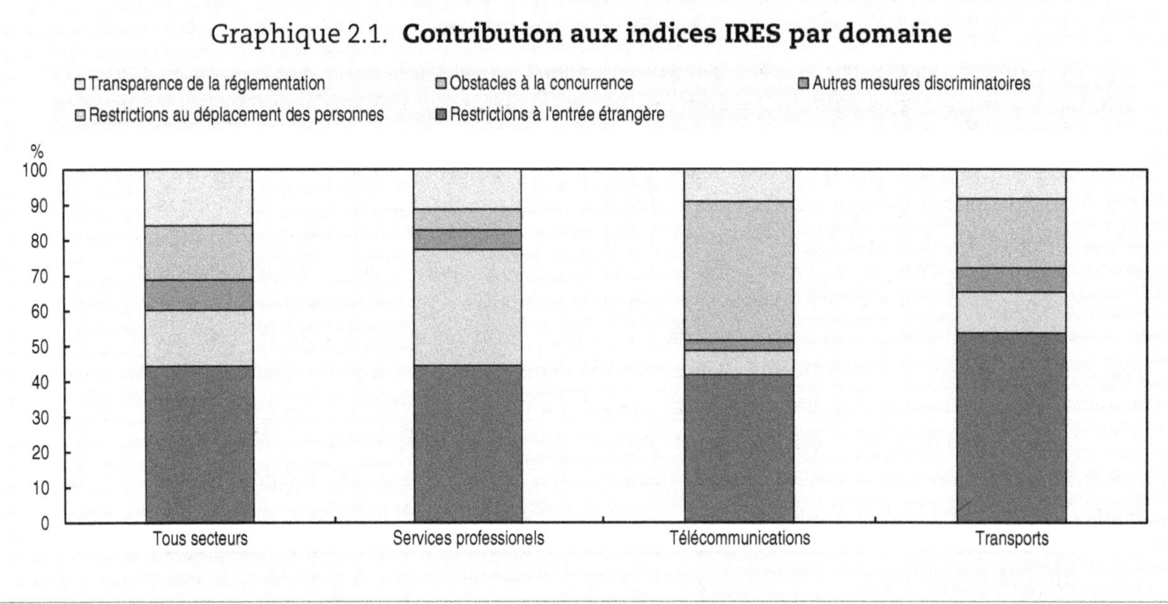

Encadré 2.1. **Indice de restrictivité des échanges de services de l'OCDE** *(suite)*

Outils de l'IRES en ligne

L'Indice de restrictivité des échanges de services (IRES) est diffusé par plusieurs moyens. Les deux principaux canaux d'accès aux données sont la page internet de l'IRES et la référence que constitue OECD.Stat. La première contient un ensemble complet incluant l'accès à la base de données sur les réglementations, des outils interactifs comme « *Compare Your Country* » et le simulateur de politique, une description de la méthode utilisée et un lien vers les documents de l'OCDE sur la politique commerciale traitant spécifiquement de l'IRES.

- **Comparez votre pays** (*www2.compareyourcountry.org/service-trade-restrictions*)

Ce site web interactif permet de comparer la restrictivité des échanges de services dans 22 secteurs de 44 pays de l'OCDE et économies partenaires. Des indicateurs économiques essentiels sont projetés sur une carte mondiale pour donner une vue comparative de l'importance des services dans les pays englobés dans l'IRES.

- **Simulateur de politique** (*http://sim.oecd.org/*)

Le simulateur de politique fournit toutes les informations de l'IRES par pays et par secteur. On peut l'utiliser pour comprendre comment sont calculés les indices IRES, analyser la contribution de chaque mesure à l'indice, comparer les pays en détail et simuler l'effet d'un changement de politique sur la valeur de l'indice. L'option « *focus view* » fait apparaître des liens vers des sources juridiques. Enfin, les simulations peuvent être sauvegardées et partagées avec d'autres utilisateurs, et les données correspondantes peuvent être téléchargées.

- **Base de données en ligne sur les réglementations** (*http://qdd.oecd.org/subject.aspx?Subject=STRI*)

La base de données en ligne de l'IRES sur les réglementations fournit toutes les informations actualisées collectées pour établir les indices composites sectoriels. Cette base de données qualitatives contient des informations sur les restrictions des échanges et les réglementations intérieures dans les 22 secteurs de services de l'IRES. Les mesures sont réparties dans les cinq catégories définies plus haut.

Les entrées de la base de données sont complétées par des références aux sources (titres et articles de la loi applicables) et par un lien internet vers chaque source juridique. Des explications sont fournies lorsque les réponses sont ambiguës ou pour donner davantage de précisions sur le contexte d'une réglementation particulière.

- **Les indices peuvent être téléchargés à partir d'OECD.Stat** (*http://stats.oecd.org/Index.aspx?DataSetCode=STRI*)

Il est facile d'accéder aux indices IRES à partir d'OECD.Stat et de les extraire (sous l'intitulé : Industrie et services, sous-titre : restrictions sur les échanges de services). En plus des cinq domaines de l'action publique, les indices sont présentés selon quatre classifications supplémentaires :

- Accès au marché selon l'AGCS/traitement national et réglementation intérieure/autre
- Modes de fourniture de l'AGCS
- Mesures discriminatoires/non discriminatoires
- Restrictions à l'établissement/aux activités des entreprises

Dans cette section figurent également les indices de l'hétérogénéité des réglementations, fondés sur les mêmes informations de la base de données de l'IRES.

Cependant, les ALE en vigueur, à l'exception du Marché unique européen, ne comprennent généralement pas d'engagement qui aille largement au-delà des pratiques contraignantes existantes (Miroudot et Pertel, 2015).

La présentation de l'IRES commence par des observations générales sur les différences d'un secteur et d'un pays à l'autre pour ce qui est du niveau et des caractéristiques des réglementations qui restreignent les échanges. Dans la discussion qui suit, les secteurs de services sont organisés en quatre grands pôles de services connexes : les services du réseau numérique (télécommunications, diffusion audiovisuelle et services informatiques), les services de la chaîne de transport et de distribution (services de transport, de messagerie, de logistique et de distribution), les services d'intermédiation et de soutien (services bancaires commerciaux, comptabilité et services juridiques) et les services d'infrastructures matérielles (construction, architecture et ingénierie). Ces quatre pôles donnent une idée de l'ampleur et de la variété des politiques commerciales sectorielles et montrent aussi que les mesures qui restreignent les échanges dans un secteur peuvent influer sur d'autres secteurs dans les chaînes de valeur de services, qui peuvent à leur tour faire partie de chaînes de valeur mondiales de conception, de fabrication et de commercialisation de produits[1].

Aucun secteur n'est complètement ouvert – certains pays présentent des secteurs complètement fermés

La restrictivité des politiques commerciales en matière de services varie beaucoup d'un pays à l'autre, à l'intérieur et entre les secteurs, comme le montre le graphique 2.2 qui donne les valeurs moyennes, minimums et maximums de l'indice pour chacun des 22 secteurs de la base de données de l'IRES. Tout en convenant de la nécessité de rester prudents dans la comparaison des secteurs, il est juste de relever que le transport aérien, les services juridiques et les services de comptabilité et d'audit sont généralement plus restrictifs en moyenne que les autres secteurs. Le transport aérien est le seul service important qui reste exclu du champ de l'Accord général sur les échanges de services (AGCS), et c'est sans surprise que l'on constate qu'il est moins ouvert aux échanges que d'autres secteurs de services. Il faut noter cependant que l'IRES ne couvre pour l'instant que les échanges par la présence commerciale dans ce secteur[2]. Les services juridiques, les services d'audit et, dans une moindre mesure, la comptabilité sont des professions réglementées dans lesquelles des professionnels habilités bénéficient du droit exclusif de fournir leurs services. En général, les critères d'obtention de cette habilitation sont un diplôme d'un établissement d'enseignement supérieur local, une pratique professionnelle locale et dans de nombreux cas également la nationalité ou citoyenneté du pays. Bien que de nombreux pays aient supprimé certaines de ces conditions, des éléments de ces régimes réglementaires restent en place, ce qui explique la note moyenne élevée enregistrée dans ce secteur. En outre, quelques pays continuent de réserver les services professionnels à leurs ressortissants. Comme indiqué dans le chapitre précédent, les services à forte intensité de connaissances (SFIC) ont entamé une transformation numérique qui les rend commercialisables, accessibles et abordables pour les consommateurs comme pour les PME, dans la mesure où les autorités font en sorte d'adapter la réglementation aux technologies modernes.

À l'autre extrémité de l'échelle, les services de distribution et d'enregistrement sonore (musique) sont en moyenne beaucoup plus ouverts aux échanges. Cependant, il existe dans tous les secteurs un large écart entre la note la plus élevée et la plus basse. Comme indiqué dans le chapitre 3, cette variation influe à la fois sur les performances commerciales des secteurs en question, mais aussi sur l'efficacité de la fourniture de services locaux et les performances des secteurs d'aval.

En moyenne, les pays en développement présentent en général des politiques d'échanges de services plus restrictives que les pays de l'OCDE. On observe en fait une corrélation négative statistiquement significative entre la valeur de l'IRES et le PIB par habitant dans tous les secteurs, particulièrement forte dans les secteurs des services

Graphique 2.2. **Scores IRES moyens, minimums et maximums par secteur, 2016**

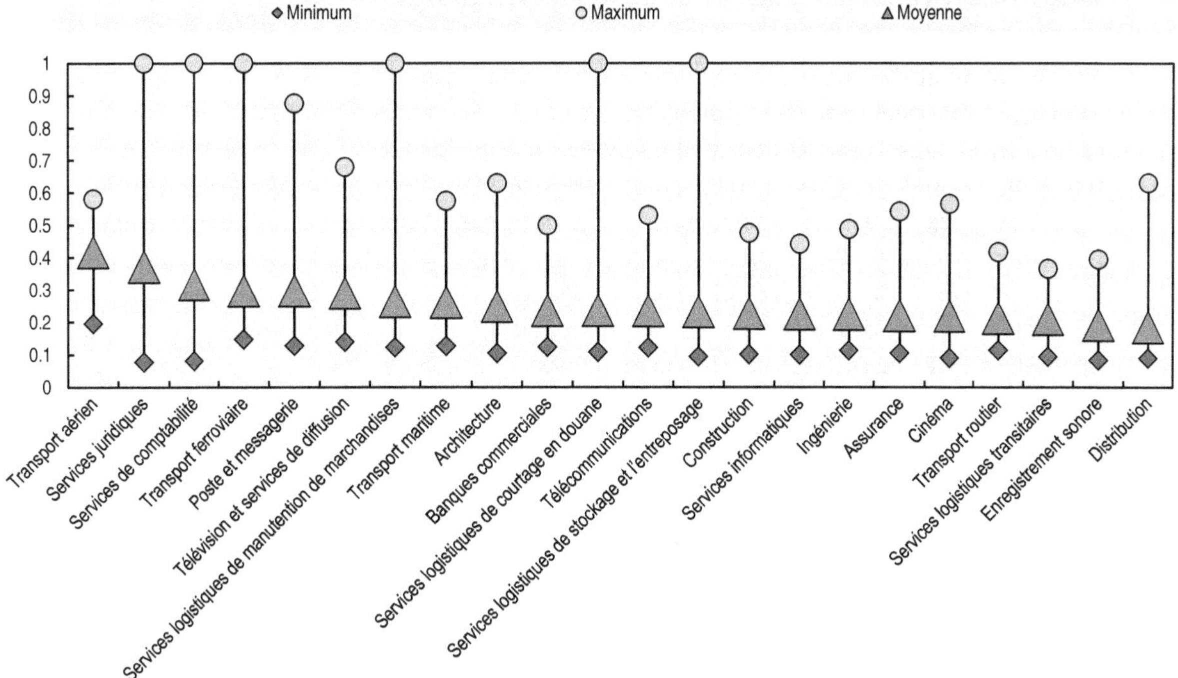

bancaires commerciaux, de l'assurance et des télécommunications[3]. Il est intéressant de relever que ces secteurs sont soumis à des réglementations prudentielles (de réduction des risques) ou proconcurrentielles dans tous les pays. Le niveau de PIB par habitant est étroitement corrélé à la capacité de réglementation. Il est donc possible que les pays plus pauvres se montrent plus prudents dans l'ouverture de leurs marchés car ils craignent que l'entrée de prestataires étrangers ne dépasse leur capacité de réglementation.

Même si les pays qui se trouvent à des stades différents de développement économique peuvent avoir des priorités différentes, il est important de noter qu'il existe peu ou pas de restrictions qui soient propres aux économies émergentes ; la plupart se rencontrent également sous une forme ou sous une autre dans les pays de l'OCDE. De fait, aucun des 44 pays inclus dans la base de données de l'IRES ne fait partie des trois premiers ou des trois derniers dans la totalité des 22 secteurs. Tous les pays de l'échantillon présentent des secteurs et des domaines d'action dans lesquels il existe des possibilités de réforme et tous présentent en même temps des domaines dans lesquels leurs bonnes performances pourraient servir de modèle aux autres. Les indices IRES de tous les secteurs et pays sont présentés à l'annexe de cet ouvrage.

Le réseau numérique

La chaîne d'approvisionnement numérique se compose des éléments suivants : i) du contenu, tels que services audiovisuels, services de conception et autres produits fondés sur les connaissances ; ii) la saisie, la compression et l'intégration de contenu dans les réseaux de transmission ; iii) la gestion des droits numériques ; et iv) la fourniture de contenu. Les télécommunications et l'audiovisuel fournissent les réseaux de transmission des contenus, et l'informatique offre une quantité de services tels que stockage et traitement de l'information, systèmes de gestion de réseau et services OTT (*over-the-top*, hors offre du fournisseur d'accès à l'internet), qui complètent et parfois concurrencent les services des télécommunications et de diffusion audiovisuelle.

On a assisté ces dernières années à une convergence des services de télécommunications, d'information et d'audiovisuel, de sorte que le contenu peut être transmis par différents réseaux. Les opérateurs de télécommunications offrent souvent la télévision IP (TVIP) dans le cadre d'offres dites tri-services ou quadri-services (internet haut débit, télévision et téléphonie fixe pour les offres tri-services, auxquels s'ajoute la téléphonie mobile pour les offres quadri-services), et les diffuseurs audiovisuels deviennent dans certains cas des opérateurs de télécommunications. Parallèlement à la diffusion linéaire, la vidéo à la demande prend de l'importance parmi les modes de distribution de contenu audiovisuel. En outre, de nombreux fournisseurs offrent des services de diffusion en flux (*streaming*) ou des téléchargements sur internet. La TVIP ainsi que la vidéo à la demande exigent l'accès au haut débit et la fourniture de ces services dépend des performances et des réglementations du secteur des télécommunications. De la même façon, le dynamisme du marché de la TVIP et de la vidéo à la demande crée une demande de services internet haut débit. Compte tenu de cette réalité, les télécommunications et la diffusion audiovisuelle sont placés sous l'égide du même organisme de réglementation dans de nombreux pays.

Les télécommunications et la diffusion audiovisuelle apparaissent comme des secteurs d'importance stratégique, ce qui incite de nombreux pays à restreindre la possibilité pour les étrangers d'y investir et d'y conduire des activités. Cependant, le contrôle national ne consiste pas nécessairement à limiter l'accès des prestataires de services étrangers. Les bonnes pratiques en la matière font intervenir un organisme indépendant de réglementation qui fixe des règles conformes aux normes internationales, assure le suivi du marché et applique une réglementation favorable à la concurrence, en particulier des obligations visant spécialement les fournisseurs qui disposent d'un important pouvoir de marché, qu'ils soient détenus par des intérêts locaux ou étrangers. Les mesures de restriction des échanges destinées à assurer le contrôle national prennent diverses formes, les plus courantes étant la limitation de la prise de participation étrangère, le contrôle par l'État des principaux fournisseurs, le filtrage de l'investissement étranger et l'obligation pour les dirigeants des entreprises d'avoir la nationalité du pays ou d'y résider.

Dans une industrie de réseau à forte intensité de capital, l'accès aux installations essentielles et les coûts de transfert peuvent favoriser les entreprises en place. Ces imperfections du marché peuvent constituer un obstacle important pour les entreprises étrangères, même en l'absence de restrictions explicites de l'entrée sur le marché. C'est pourquoi les réglementations favorables à la concurrence sont considérées dans le secteur des télécommunications comme un enjeu de politique commerciale, pris en compte dans le document de référence sur les services de télécommunications de l'OMC et dans un certain nombre d'accords commerciaux régionaux. L'absence de telles réglementations fait partie des obstacles à la concurrence qui restreignent les échanges dans l'IRES, dans les situations où un opérateur en place possède un important pouvoir de marché. Les réglementations *ex ante* favorables à la concurrence sont moins courantes dans l'audiovisuel, bien que les autorités de réglementation tiennent souvent compte de la convergence entre les réseaux et les plates-formes lorsqu'elles évaluent la structure du marché et adoptent des réglementations concernant les marchés des télécommunications.

Le graphique 2.3 présente les valeurs de l'IRES dans les télécommunications (axe horizontal) et la diffusion audiovisuelle (axe vertical) en 2016. Chaque pays est représenté par

Graphique 2.3. **IRES : télécommunications et diffusion audiovisuelle, 2016**

L'ouverture influe sur les résultats

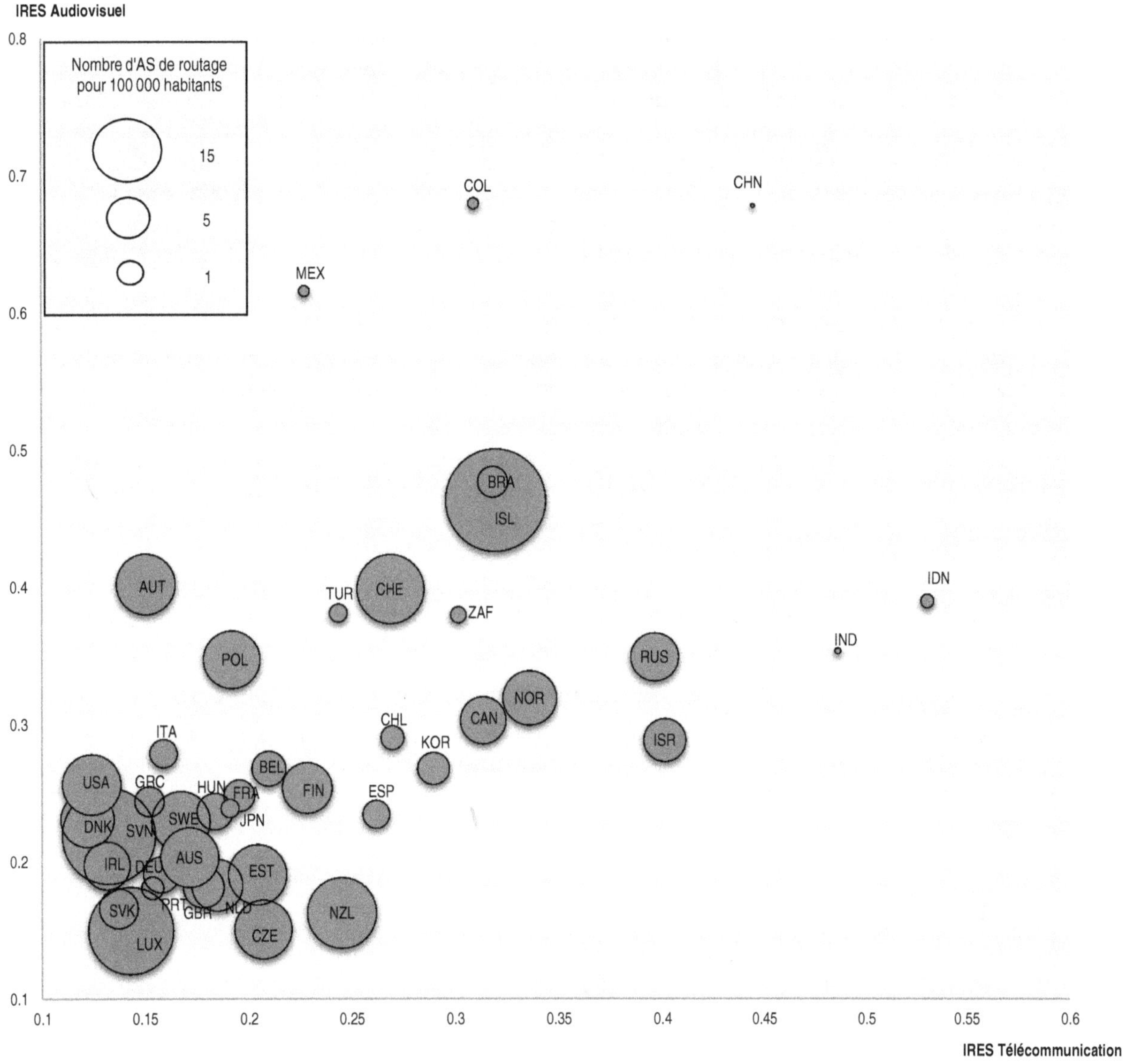

Source : Base de données de l'IRES de l'OCDE (2016) et OCDE (2015a).

un cercle dont la taille correspond au nombre de systèmes autonomes (SA) pour 100 000 habitants. Celui-ci indique s'il est facile à une entreprise de prendre le contrôle de l'acheminement de son trafic et d'échanger du trafic avec d'autres réseaux, ce qui peut constituer une bonne mesure indirecte du niveau de concurrence sur le marché (OCDE, 2015a). Trois messages se dégagent de ce graphique. Tout d'abord, les pays ont généralement un niveau similaire de restriction des échanges dans l'audiovisuel et les télécommunications. Ensuite, les économies émergentes couvertes par l'IRES figurent dans le coin supérieur droit du graphique, ce qui indique que le niveau de restrictivité est en corrélation négative avec le niveau de revenu du pays. Cependant, comme indiqué dans l'encadré 2.2 qui montre l'IRES des télécommunications en Corée sur une période de vingt ans, la libéralisation et les réglementations favorables à la concurrence peuvent évoluer dans

Encadré 2.2. **Politiques d'échanges de services de la Corée ces vingt dernières années : télécommunications**

Le secteur des télécommunications a connu en Corée deux grandes vagues de réforme qui ont commencé à la fin des années 90 et à la fin des années 2000. La première vague s'est traduite par une vaste libéralisation de l'investissement étranger dans le secteur. Le plafond de participation étrangère dans les entreprises propriétaires d'installations de télécommunications a été porté de 33 % à 49 % en 1999 et l'interdiction pour les investisseurs étrangers d'investir dans la Korea Telecommunication Corporation (KTC) a été remplacée en 1998 par un plafonnement à 33 %, porté à 49 % en 2001. L'obligation pour le conseil d'administration des opérateurs de télécommunications propriétaires d'installations d'être composé en majorité de ressortissants coréens a également été supprimée en 1997 et les conditions applicables aux fusions et acquisitions transnationales ont été assouplies en 2001.

Au cours de la même période, des réformes ont été mises en œuvre pour créer un environnement réglementaire plus favorable à la concurrence, notamment par la portabilité obligatoire du numéro et le dégroupage de la boucle locale en 2001. Les parts que conservait l'État dans KTC ont été supprimées en 2002.

La deuxième vague de réformes a consisté à renforcer l'environnement concurrentiel et à rapprocher la réglementation des bonnes pratiques des principaux acteurs. Entre 2008 et 2011, la réglementation a subi plusieurs modifications, concernant la création d'une Commission nationale indépendante des communications, la parité de la numérotation, la séparation de la comptabilité, les conditions et les prix de l'accès haut débit et la revente de services publics de communication à d'autres fournisseurs. Parallèlement, des exigences de fonds propres minimums pour certaines catégories de services de télécommunications ont été mises en place à partir de 2008. Depuis 2015, les informations sur le spectre sont mises en diffusion publique.

Graphique 2.4. **IRES des télécommunications en Corée, 1996-2016**

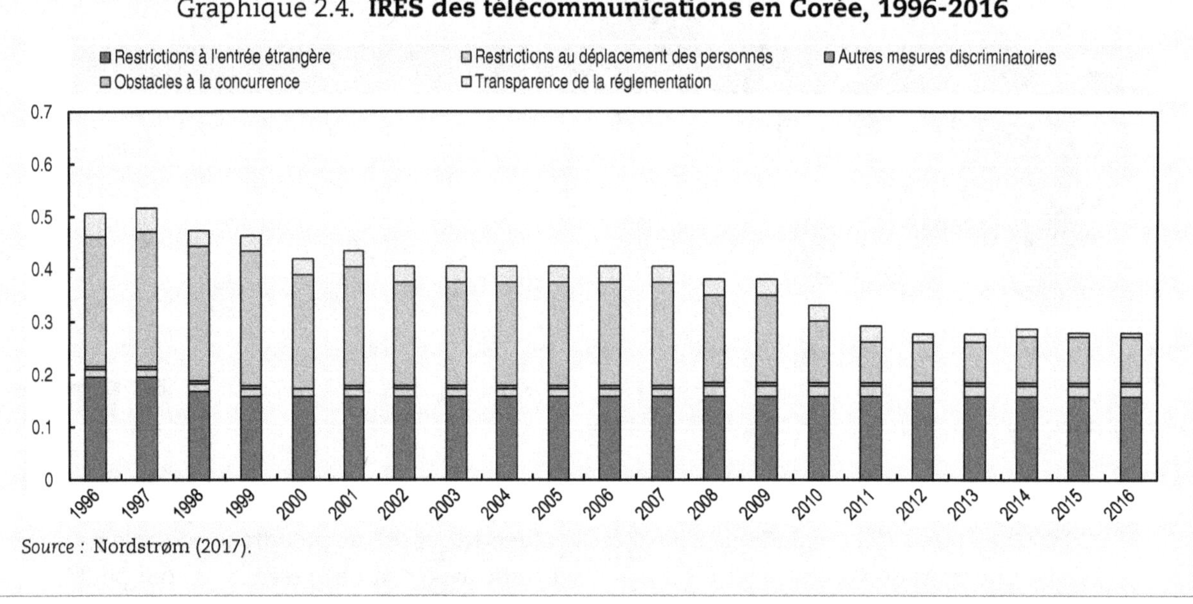

Source : Nordstrøm (2017).

le temps à mesure que le pays se dote de capacités institutionnelles et que son économie se renforce[4]. Enfin, un niveau élevé de restrictivité est associé à un moins grand nombre de systèmes autonomes[5].

Les restrictions de la participation étrangère sont assez courantes dans l'audiovisuel, bien que la télévision par câble et satellite soit généralement plus ouverte à l'investissement étranger que l'audiovisuel terrestre. Il est courant également que l'État détienne un ou plusieurs radiodiffuseurs ou chaînes de télévision. En outre, les diffuseurs publics bénéficient souvent d'avantages concurrentiels sur le plan du financement, ou d'autres conditions favorables. En fait, deux pays de l'échantillon seulement n'appliquent pas de restriction de la participation étrangère et n'exercent pas de contrôle public sur une grande chaîne de télévision. En ce qui concerne les limitations du contenu, certains pays exigent que les diffuseurs réservent à du contenu local un certain pourcentage du temps de diffusion, à l'exclusion des informations, des événements sportifs, de la publicité, des jeux et du télé-achat. Plusieurs pays appliquant de tels quotas de diffusion les étendent à la demande non linéaire, comme la diffusion en flux, dans un souci de cohérence entre les plates-formes. Quelques pays contingentent également le nombre de chaînes de télévision.

La base de données et les indices IRES couvrent également la gestion des droits numériques. Les droits d'auteur et les droits connexes font partie intégrante du secteur audiovisuel, car les transactions sont principalement des transferts des droits de propriété entre un vendeur et un acheteur, ou le droit d'utiliser la propriété de quelqu'un moyennant une redevance ou une commission. La plupart des pays figurant dans la base de données de l'IRES ont intégré la conformité aux traités internationaux dans leur législation du droit d'auteur et des autres droits de propriété intellectuelle, et ils sont peu nombreux à instaurer une discrimination à l'encontre des produits étrangers pour ce qui est de la protection du droit d'auteur et de la répartition des droits de licence. Ce domaine connaît cependant des évolutions techniques rapides, et la mise en œuvre ainsi que les caractéristiques de la réglementation y présentent une grande importance.

La chaîne de transport et de distribution

Les services de transport et de logistique font l'objet par eux-mêmes de nombreux échanges, mais constituent aussi des services intermédiaires qui se trouvent au cœur des chaînes de valeur mondiales et de la gestion de stocks en flux tendus, en relation avec la demande de services porte-à-porte. Les services de distribution sont essentiels à l'acheminement des produits du producteur au consommateur, à la création d'emplois et à une croissance économique tirée par la demande. Le développement des ventes de détail en ligne a conduit à une hausse de la distribution de colis, et l'importance des réseaux mondiaux de production repose à la fois sur la rapidité et la fiabilité des livraisons. Alors que les chaînes de valeur mondiales sont devenues une caractéristique dominante des échanges mondiaux ces dernières années, la notion de services de transport et de logistique a beaucoup évolué pour englober une grande diversité d'activités de gestion intégrée de l'offre, qui vont de la conception de stratégies de réseau aux phases de distribution et de livraison.

L'IRES des services de transport englobe les transports aérien, maritime, routier et ferroviaire de marchandises. Les services logistiques soutiennent le transport aérien, maritime et routier dans la chaîne d'approvisionnement. Dans les échanges internationaux de produits, le processus d'acheminement des marchandises des portes de l'usine aux marchés étrangers repose largement sur l'efficacité des services auxiliaires et la rapidité des procédures aux frontières. L'IRES englobe quatre types de services logistiques : la manutention de marchandises, le stockage et l'entreposage, les services transitaires et le courtage en douane.

Les services de transport aérien et maritime, éléments essentiels du commerce de marchandises, contribuent largement à l'intégration dans les chaînes de valeur mondiales. Le transport aérien facilite en particulier la circulation des composants qui présentent un rapport valeur/poids élevé et des produits qui exigent un mode de transport rapide et fiable (denrées périssables, par exemple). Il facilite également les déplacements rapides des voyageurs d'affaires venant conseiller leur clientèle ou fournir des services après-vente. Le transport maritime, de son côté, est fondamental pour le transport de gros volumes de marchandises à coûts réduits.

Le niveau de restrictivité des services de transport aérien est élevé partout. La plupart des pays limitent la prise de participation étrangère dans le secteur à moins de 50 %. Parmi les exceptions notables figurent le Chili, la Colombie et le Costa Rica qui ne limitent pas la participation étrangère aux compagnies aériennes locales. Dans le cadre des réformes qu'elle a mises en place en 2016, l'Inde permet aux étrangers d'investir à hauteur de 100 % dans les compagnies nationales, mais continue de limiter à 49 % les investissements effectués par des compagnies étrangères. L'Australie (à l'exception de Qantas) et la Nouvelle-Zélande autorisent quant à elles une participation étrangère de 100 % dans les compagnies nationales assurant uniquement des liaisons intérieures, alors que le Mexique et le Japon autorisent une participation étrangère de 100 % dans les compagnies nationales effectuant des liaisons internationales uniquement. L'Indonésie autorise une prise de participation majoritaire des entreprises étrangères dans le transport de fret aérien, à la suite des réformes apportées en 2016 à sa liste négative d'investissement. Les restrictions visant la prise de participation étrangère sont souvent combinées avec des limitations spécifiques ayant trait à la nationalité des membres du conseil d'administration et des dirigeants des compagnies aériennes. La location d'appareils étrangers avec équipage (*wet lease*) ou sans équipage (*dry lease*) est soumise à une autorisation préalable dans beaucoup de pays.

Le principal obstacle à la concurrence dans ce secteur concerne l'attribution des créneaux horaires d'atterrissage et de décollage dans les aéroports. La plupart des pays figurant dans la base de données de l'IRES attribuent ces créneaux dans les aéroports très demandés en se fondant sur les droits acquis – ce qui équivaut à donner la préférence aux compagnies aériennes en place – et interdisent généralement l'échange de créneaux entre compagnies aériennes. Il est cependant courant que, après l'attribution des créneaux selon le principe des droits acquis, les nouvelles compagnies puissent bénéficier de la moitié des créneaux qui restent. Même si cette solution peut encourager la concurrence, le bénéfice réel pour les nouveaux entrants dépend de la quantité de créneaux libérés par les compagnies en place.

Le transport maritime représente 80 % environ des échanges de marchandises en tonnage. Une caractéristique de ce secteur est la distinction entre la nationalité des armateurs, le pays d'immatriculation du navire et les itinéraires desservis par les navires. En 2016, quelque 71 % (en tonnage) de l'ensemble des navires détenus par les 35 pays possédant les plus grandes flottes battaient un pavillon étranger ou international. Le transport maritime constitue par conséquent un secteur de services véritablement international dans lequel les échanges transfrontières sont nombreux.

Les restrictions touchant les opérations de cabotage (trafic entre plusieurs ports du même pays) sont les plus importantes et se combinent souvent avec des restrictions concernant la détention ou l'immatriculation par des étrangers de navires sous pavillon national. Dix pays de la base de données de l'IRES ont en outre signé des accords de partage de cargaison et cinq réservent à la flotte nationale des types précis ou des parts des cargaisons locales. Les ports, qui constituent des portes d'entrée de première importance pour les flux de marchandises, sont souvent détenus par l'État, tandis que les services portuaires sont fournis par des entreprises privées dans le cadre de contrats de concession. Sept pays appliquent toujours des restrictions à la fourniture de ces services, en particulier par des monopoles légaux qui interdisent l'entrée d'autres opérateurs portuaires. Quelques pays appliquent des droits discriminatoires aux services portuaires et plusieurs font bénéficier les compagnies nationales d'abattements fiscaux et d'autres incitations qui ont pour effet d'accroître la compétitivité de la flotte nationale. En outre, les codes maritimes de nombreux pays ne sont pas soumis au droit de la concurrence, et quelques pays limitent la fourniture de services portuaires à des concessions accordées en exclusivité.

Parmi les quatre types de services logistiques, la manutention de marchandises et le courtage en douane présentent un niveau global de restrictivité moyen à élevé. Un seul pays est complètement fermé pour ce qui concerne à la fois la manutention et le stockage de marchandises, services qui relèvent d'un monopole légal. Le courtage en douane est lui aussi totalement fermé dans un pays qui exige que cette fonction soit assumée par des ressortissants nationaux. En outre, des obstacles entravent les échanges de services de manutention de marchandises, en particulier des subventions croisées, qui ne sont interdites que dans quelques pays.

Les procédures douanières et les mesures de facilitation des échanges jouent un rôle important dans l'IRES des services de manutention de marchandises et des services logistiques. Elles sont essentielles à la livraison rapide des marchandises et par conséquent à l'efficacité des services logistiques. Une évolution positive s'est produite dans ce domaine ces dernières années avec la création d'un régime de guichet unique dans la plupart des pays de la base de données de l'IRES. Le déploiement de ce système est intéressant pour les entreprises orientées vers le marché international, en particulier les PME. Une autre réglementation importante concerne l'obligation imposée par différentes autorités de réglementation d'obtenir une licence individuelle pour offrir les différents services logistiques. Cette obligation, présente dans de nombreux pays, gêne la fourniture de services logistiques intégrés et fluides qui devient le modèle économique le plus courant aujourd'hui.

Compte tenu du soutien apporté par le transport maritime aux échanges mondiaux de marchandises, les services logistiques portuaires jouent un rôle de plus en plus grand dans la circulation continue des cargaisons de gros tonnage. La capacité du prestataire de services logistiques à manipuler, stocker et expédier des cargaisons rapidement et efficacement contribue beaucoup à satisfaire la demande croissante de marchandises et à assurer une participation sans restrictions aux chaînes de valeur mondiales. Le graphique 2.5 montre que les indices des services de manutention de marchandises et de stockage et d'entreposage se trouvent en corrélation étroite avec la qualité des infrastructures portuaires. Il indique aussi qu'une restrictivité plus grande de la manutention de marchandises est généralement associée à un niveau plus élevé de restrictivité du stockage et de l'entreposage. Enfin, le graphique semble établir une corrélation entre le niveau élevé de l'IRES dans les deux secteurs logistiques et l'écart par rapport aux meilleures performances internationales sur le plan de la qualité des infrastructures portuaires.

En ce qui concerne les services de distribution, de gros et de détail, les résultats font apparaître un secteur relativement libéral. Deux pays seulement restreignent la participation étrangère à ces activités. L'un d'eux limite à 67 % la participation étrangère dans le secteur de la distribution de gros, mais l'investissement étranger dans le commerce de détail est largement entravé. Certains pays exigent une présence commerciale avant d'autoriser la prestation de services de distribution transfrontières. Plusieurs exigent également que la distribution de certains produits, notamment de boissons alcoolisées au détail ou en gros, soit réservée à des monopoles légaux nationaux.

Graphique 2.5. **IRES des secteurs clés de logistiques et qualité des infrastructures portuaires, 2016**

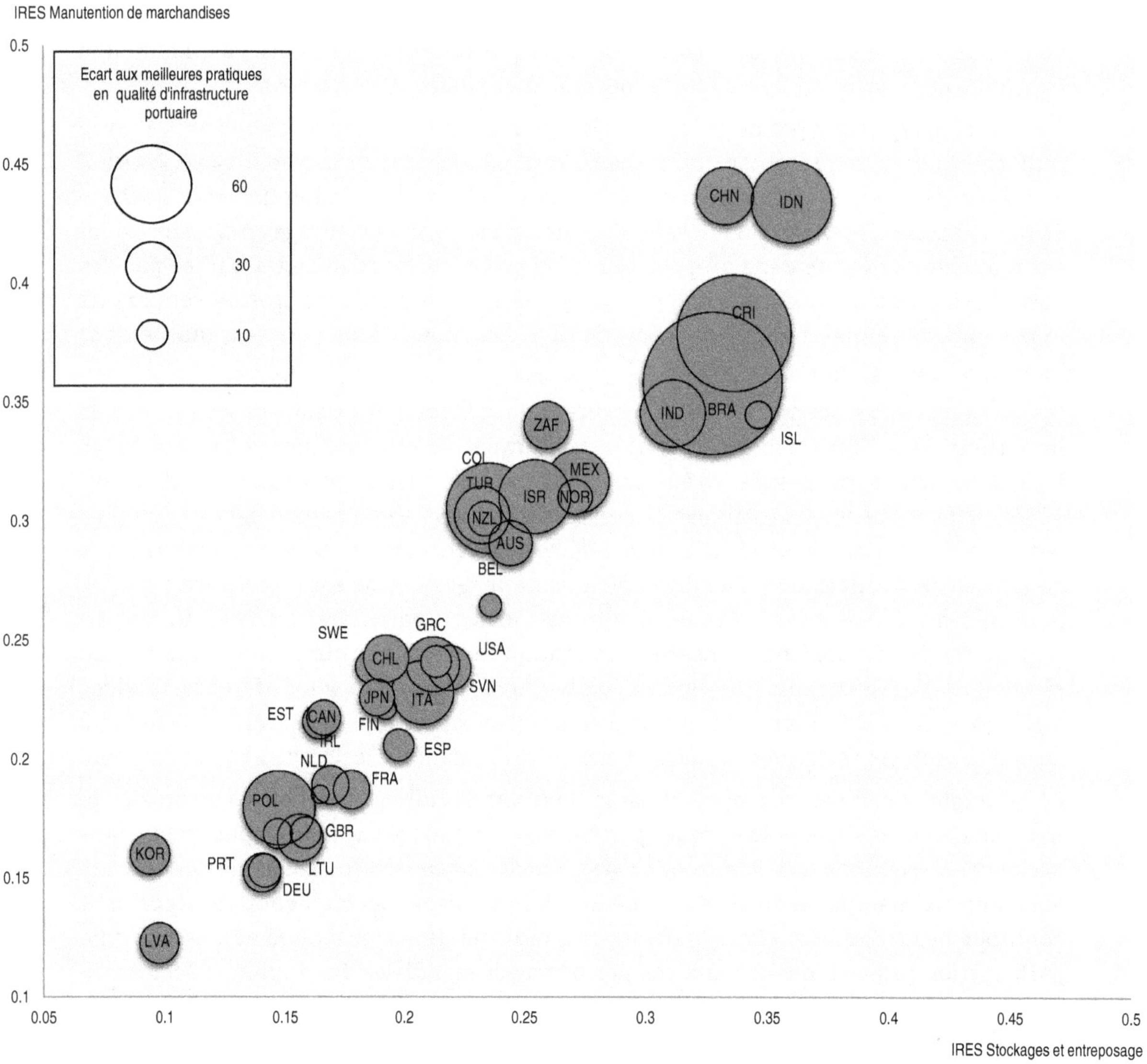

Source : IRES de l'OCDE et Forum économique mondial (2016).

La structure du marché des services de distribution connaît une évolution rapide sous l'effet de l'émergence du commerce électronique et de l'essor des détaillants multi circuits (encadré 2.3). Plusieurs pays imposent des restrictions de ces activités, en particulier sous forme d'interdictions du commerce électronique entre entreprises et consommateurs (B2C). D'autres obstacles portent sur l'accès discriminatoire à certaines méthodes de paiement et à l'absence de possibilités pour les étrangers non-résidents de s'enregistrer et de faire leur déclaration d'imposition en ligne. En outre, les réglementations sur les périodes de vente et les heures d'ouverture sont courantes et quelques pays imposent également des restrictions sur la distribution de certains produits.

Encadré 2.3. **Comment les plates-formes ont transformé le commerce de détail : le cas d'eBay**

Fondé en 1995, eBay met en relation des millions d'acheteurs et de vendeurs dans le monde sur ses plates-formes Marketplace, StubHub et Classifieds. Les technologies et services à l'œuvre dans ces plates-formes sont conçus pour permettre aux vendeurs du monde entier d'organiser leurs stocks de biens et de les mettre en vente, et aux acheteurs de les trouver et de les acquérir, pratiquement n'importe quand et n'importe où. En 2016, la plate-forme Marketplace comptait 162 millions d'acheteurs actifs de 190 pays et des vendeurs dans le monde entier.

Les plates-formes de commerce électronique permettent aux entreprises de toute taille, y compris aux micro, petites et moyennes entreprises, de servir une clientèle internationale directement à partir de n'importe quel endroit. Elles offrent un accès peu coûteux à des services divers tels que marketing, livraison ou paiements internationaux, et une communication efficace. Une étude sur 18 pays a permis de constater que les vendeurs professionnels présents sur eBay (vendeurs réalisant plus de 10 000 USD de ventes sur eBay) qui exportent à l'étranger atteignent en moyenne 27 pays différents par an (eBay, 2016a). Précisons à titre de comparaison que, dans la majorité des pays de l'OCDE, 50 % au moins des entreprises exportatrices n'exportent que vers un seul pays (OCDE, 2015b).

Les plates-formes en ligne comme eBay permettent également aux entreprises de s'adapter plus facilement aux évolutions de la demande. Au cours de la récente crise économique et financière, par exemple, les entreprises ont essayé en général de rééquilibrer leurs débouchés à l'exportation pour faire face à la forte baisse de la demande en Europe (UE, 2015). Les grandes entreprises sont plus adaptables et souples que les MPME et ont pu augmenter leurs exportations hors UE de 26 % de 2009 à 2013. Cependant, les vendeurs professionnels de l'UE sur eBay (en majorité de très petite taille) ont été de loin les plus adaptables, puisqu'ils ont accru leur part des exportations hors UE de 52 % (eBay, 2016b).

Services d'intermédiation et de soutien

L'activité économique, en particulier les opérations générales et internationales, repose largement sur l'accès au crédit, les systèmes de paiement et l'assurance. L'existence d'un cadre légal soutenant la mise en œuvre des contrats est l'un des piliers les plus importants d'une économie de marché qui permet à des entités étrangères l'une à l'autre d'échanger entre elles. Il faut des données de comptabilité fiables, transparentes et faciles à comprendre pour évaluer la solvabilité des étrangers. Alors que le commerce international devient de plus en plus complexe, ces services sont essentiels pour que les entrepreneurs développent et commercialisent leurs idées pour le fonctionnement des chaînes de valeur et pour que les investisseurs contribuent à la croissance et à l'innovation. Comme le montre l'analyse approfondie du chapitre 1, ces services deviennent plus faciles à échanger à travers les réseaux numériques, au moyen de plates-formes, de l'infonuagique et de logiciels spéciaux. La transformation numérique les rend plus accessibles et plus abordables pour les PME et les consommateurs. Enfin, les services financiers sont importants pour que s'effectue la transition des économies largement informelles vers des activités ouvertes à l'exécution juridique des contrats, à la protection des droits des travailleurs et à d'autres avantages.

Cependant, la réglementation n'évolue pas toujours au même rythme que la technologie et les possibilités de réformes susceptibles d'instaurer un meilleur équilibre entre la protection des consommateurs et la mise en place d'un marché plus ouvert et concurrentiel de services professionnels et financiers restent nombreuses. Le graphique 2.6 présente l'IRES des services juridiques sur l'axe horizontal et celui des services bancaires commerciaux sur l'axe vertical. Chaque cercle représente un pays, et sa taille correspond aux nouvelles immatriculations d'entreprises pour 1 000 habitants de 15 à 64 ans. Ce graphique permet de tirer trois conclusions. Tout d'abord, le secteur des services bancaires commerciaux bénéficie d'un environnement moins restrictif que celui des services juridiques. Deuxièmement, les pays qui présentent des valeurs relativement basses de l'IRES dans les deux secteurs (vers le coin inférieur gauche du graphique) comportent davantage de nouvelles entreprises. Enfin, les faibles taux de création d'entreprises observés dans certains pays dont les marchés des services financiers et professionnels sont pourtant relativement ouverts laissent à penser que l'accès à des conseils financiers et juridiques ne suffit pas à libérer les vocations d'entrepreneurs.

Graphique 2.6. **IRES des services juridiques et des services bancaires commerciaux, 2016**

L'ouverture influe sur l'entrepreneuriat

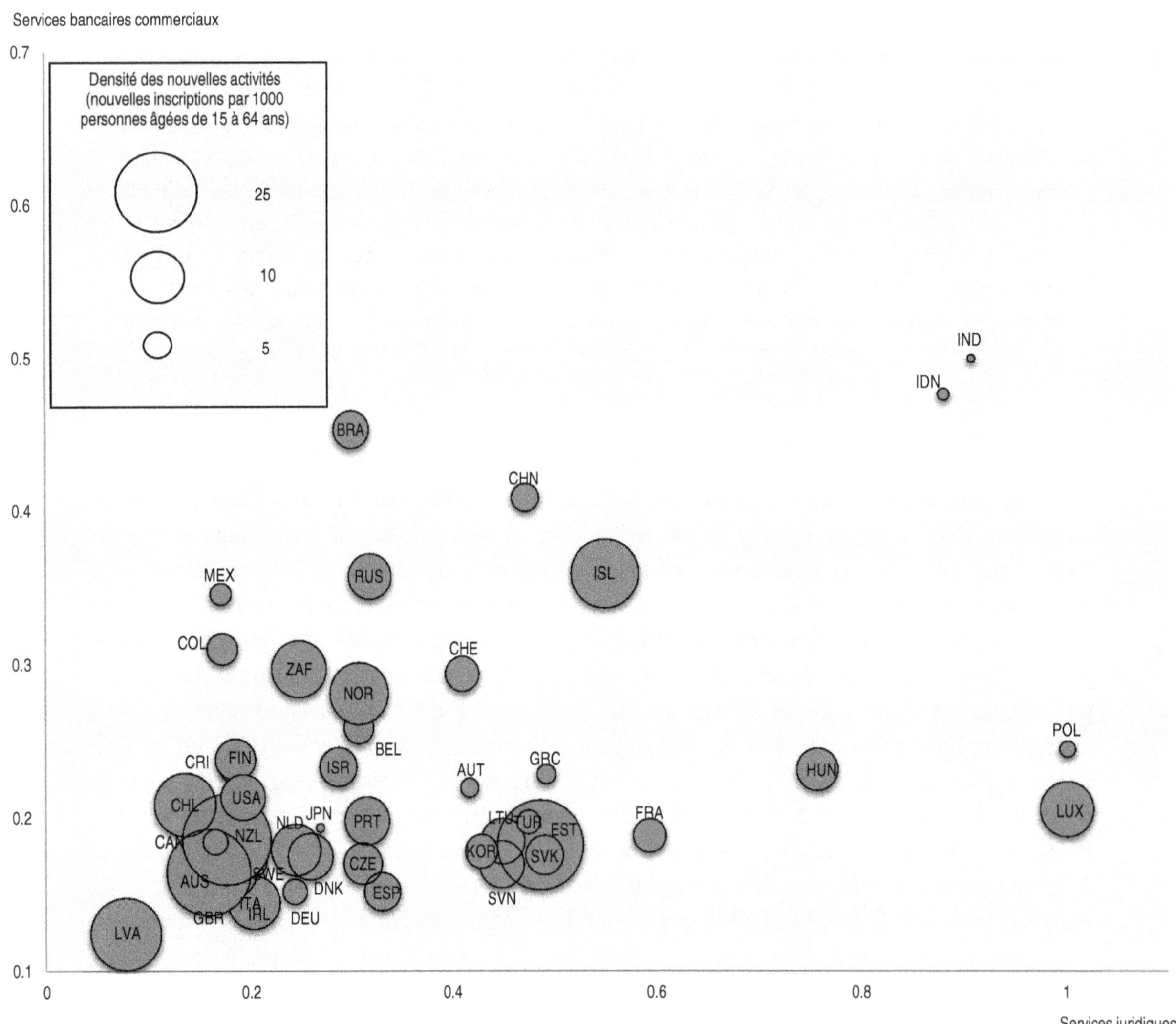

Source : IRES de l'OCDE et IDM.

Les services juridiques sont généralement très réglementés, à travers des organismes professionnels qui délivrent des autorisations d'exercer, surveillent la conduite des professionnels, définissent des normes professionnelles et veillent à leur application. Parmi les pays de l'IRES, quatre réservent la pratique juridique nationale et internationale aux juristes nationaux titulaires d'une habilitation et autorisent uniquement les juristes habilités à créer et à détenir des cabinets juridiques. Dans l'un d'eux, il est possible aux prestataires de services juridiques étrangers d'avoir des activités dans le cadre de missions de conseils juridiques auprès de leurs clients (principe de l'aller-retour), un autre permet aux juristes étrangers de travailler pour des avocats locaux afin de les conseiller sur le droit étranger, tandis que, dans deux autres pays, le secteur est complètement fermé aux juristes de pays tiers qui ne sont pas couverts par un accord de marché commun ou de reconnaissance mutuelle. Bien que des éléments de ce type de réglementation soient présents dans le droit national de la plupart des pays, ces deux économies se distinguent par l'absence de libéralisation dans l'exercice du droit international, ouvert au moins en partie dans les 42 autres pays de l'IRES.

Les conditions d'obtention d'une habilitation et les activités réservées aux professionnels habilités définissent largement l'accès aux marchés des prestataires étrangers de services juridiques. Le droit interne n'exerce généralement qu'un rôle mineur dans les échanges internationaux de services juridiques en raison des exigences de qualification, qui varient d'un pays à l'autre et sont l'expression des caractéristiques nationales du droit. Les bonnes pratiques réglementaires dans ce domaine visent l'établissement d'une procédure reposant sur des critères de fond (aspects théoriques et pratiques de la formation juridique par exemple) et des procédures administratives (durée de traitement et droits de recours par exemple) de reconnaissance des diplômes obtenus dans des pays étrangers (voir l'encadré 2.2 au sujet du Canada). Dans trois pays de la base de données de l'IRES, la Finlande, la Lettonie et la Suède, les juristes habilités ne bénéficient pas du droit exclusif de fournir des services ni d'exercer devant un tribunal.

Comme les services juridiques, les services de comptabilité font un usage intensif de main-d'œuvre qualifiée et sont soumis à l'obtention d'habilitations dans la plupart des pays. La comptabilité n'est cependant pas réglementée dans 19 des pays couverts par l'IRES. La participation étrangère est rarement limitée, bien que les entreprises ne puissent être détenues que par des professionnels titulaires d'une habilitation locale dans certains pays. Ces restrictions de la participation étrangère sont souvent associées à la condition que la majorité des membres du conseil d'administration (ou des actionnaires en cas de partenariat) soient titulaires d'une habilitation locale. Les comptables étrangers sont généralement soumis à des restrictions présentes dans tous les secteurs de l'économie, qui visent les personnes physiques souhaitant fournir des services dans un autre pays à titre temporaire en tant que personnes transférées au sein d'une entreprise, prestataires de services contractuels ou prestataires de services indépendants. En outre, les conditions de nationalité et de résidence qui s'appliquent à l'exercice de la profession dans le pays d'accueil, associées au manque de reconnaissance des qualifications étrangères, peuvent entraver fortement la capacité des comptables à fournir des services.

L'IRES couvre également les services d'audit. L'accès à cette profession est soumise à une habilitation dans tous les pays de la base de données de l'IRES sauf un. Les conditions d'obtention de l'autorisation d'exercer et les activités réservées aux professionnels détenteurs de cette habilitation définissent par conséquent largement l'accès aux marchés des prestataires étrangers. Lorsque seuls les ressortissants nationaux peuvent obtenir une habilitation et que celle-ci est obligatoire pour exercer et détenir des parts dans les entreprises d'audit et de comptabilité, l'accès au marché des prestataires étrangers est très limité. Lorsque ces réglementations s'appliquent à la fois aux services de comptabilité et d'audit et qu'il n'existe pas de systèmes d'habilitation temporaire créant une voie d'entrée supplémentaire sur le marché, le secteur est complètement fermé. C'est le cas des deux pays de l'échantillon qui ont été notés 1.

Les services bancaires commerciaux présentent en moyenne un niveau relativement élevé de réglementations restrictives pour les échanges, et la dispersion entre la note la plus élevée et la plus basse est relativement faible (graphique 2.1). Cette situation peut s'expliquer par le fait que les pays réglementent fortement ce secteur afin de maintenir la stabilité et la solidité du système financier. Les règles et normes prudentielles sont fixées par les gouvernements nationaux et leurs autorités de contrôle, ainsi que par les organismes internationaux d'élaboration des normes[6]. De nombreux pays recourent à des mesures de restriction des échanges pour protéger le système financier. Deux pays seulement imposent des limites à la participation étrangère dans ce secteur, mais la plupart exigent une présence commerciale pour autoriser les services bancaires transfrontières et plusieurs restreignent l'établissement de filiales des banques étrangères ou imposent des conditions plus strictes aux banques étrangères qu'aux banques nationales pour l'octroi de l'habilitation. Dans la plupart des cas, les banques étrangères doivent être établies localement pour fournir tout l'éventail de leurs services dans le pays. L'obligation pour la majorité du conseil d'administration d'une banque commerciale d'avoir la nationalité du pays ou d'y avoir sa résidence permanente constitue un autre obstacle courant.

La participation de l'État est fréquente dans ce secteur. Elle résulte souvent des mesures de renflouement prises par les pouvoirs publics au cours de la crise financière, alors que la plupart des pays doivent encore reprivatiser les banques ainsi secourues. Les réglementations au niveau des produits, y compris les restrictions sur les prix et les dispositions d'approbation préalable de produits financiers particuliers pèsent également beaucoup sur les indices, en particulier dans les pays non membres de l'OCDE. Le manque d'indépendance des autorités de réglementation et de contrôle constitue un autre problème courant. L'indépendance totale à l'égard du gouvernement, sur le plan des activités, de la gestion et du budget, n'est d'ailleurs pas garantie dans de nombreux pays.

Encadré 2.4. **Obtenir l'admission au barreau du Canada pour les juristes étrangers**

Pour obtenir une habilitation complète d'exercice du droit dans une province ou un territoire canadien, les juristes étrangers doivent demander au Comité national sur les équivalences des diplômes de droit (CNE) d'évaluer leur formation et leur expérience professionnelle. Le CNE définit les conditions à remplir par le candidat pour que son admission dans l'un des ordres professionnels de juristes puisse être étudiée. Si cette évaluation, réalisée avant que les juristes étrangers ne demandent à être admis au barreau du Canada, est favorable, le CNE délivre un certificat de compétences.

Le CNE applique une norme uniforme au niveau national afin que les candidats étrangers n'aient pas besoin de satisfaire à des critères d'admission différents pour pratiquer le droit dans les différents territoires et provinces. Il évalue chaque demande individuellement en tenant compte des éléments spécifiques de la formation et de l'expérience professionnelle du candidat (type de système juridique et matières étudiées,

Encadré 2.4. **Obtenir l'admission au barreau du Canada pour les juristes étrangers** *(suite)*

reconnaissance ou non du programme d'enseignement du droit par l'autorité de réglementation locale et expérience professionnelle).

Lorsque le CNE a évalué la demande, il peut inviter le candidat à suivre les cours d'un établissement d'enseignement du droit et à passer des examens pour démontrer ses compétences dans certains domaines. Les conditions appliquées concernent la compétence des candidats dans les matières de base du droit canadien (droit administratif, droit constitutionnel et droit pénal par exemple). D'autres matières qui ne sont pas propres au droit canadien (droit commercial ou procédures civiles) peuvent être reconnues en fonction de la formation et de l'expérience du candidat.

Le CNE traite les demandes dans l'ordre de leur arrivée auprès de la Fédération des ordres professionnels de juristes du Canada. Le candidat reçoit normalement un rapport d'évaluation dans les huit semaines suivant la date de réception des documents requis. Il peut faire appel de l'évaluation du CNE au moyen d'une lettre qui en explique les raisons. Un comité d'appel créé par le CNE examine l'appel et rend sa décision qui peut atténuer ou renforcer les exigences définies dans la décision initiale.

Services d'infrastructure matérielle

Les services d'infrastructure matérielle incluent les services de construction, d'architecture et d'ingénierie. Les services de construction ont toujours été considérés comme stratégiques pour la livraison des infrastructures destinées à d'autres industries, et parce qu'ils entretiennent des liens étroits avec les travaux publics et l'affectation de ressources fiscales. Les architectes assurent la conception des bâtiments tandis que les ingénieurs participent à la construction d'éléments clés d'infrastructure tels que bâtiments, routes et ponts. Souvent, les activités d'ingénierie et d'architecture sont associées dans des projets relevant d'une entreprise unique, et parfois englobées dans le secteur de la construction. L'ingénierie joue aussi un rôle important dans l'élaboration des processus de production et dans l'adoption de nouvelles technologies dans tous les secteurs économiques.

La complémentarité entre architecture, ingénierie et construction influe sur la réglementation de ces secteurs, dans lesquels les pays procèdent différemment quant aux éléments de la chaîne réglementée et aux moyens à utiliser. L'ingénierie ne fait pas partie des professions réglementées dans 17 pays de l'IRES, de même que l'architecture dans huit pays. Cela n'implique pas nécessairement que les pouvoirs publics exercent un contrôle plus limité sur le processus de conception et de construction d'un bâtiment, d'une route ou d'un autre projet d'infrastructure. Certains pays considèrent plutôt que la stricte application de réglementations visant un domaine spécifique, comme les codes de construction, normes techniques et règles de sécurité, suffit à assurer la sécurité et à répondre à d'autres objectifs sociaux.

Dans le secteur de la construction, les niveaux de restriction les plus élevés peuvent être largement attribués à des mesures générales visant tous les secteurs de l'économie. Des restrictions s'appliquent par exemple aux acquisitions foncières et immobilières, qui influent généralement de façon directe sur la fourniture de services de construction. Il arrive ainsi que les promoteurs ne puissent pas accéder à la propriété des biens immobiliers en construction avant l'achèvement du projet. Dans la base de données de l'IRES, 24 pays appliquent des restrictions dans ce domaine.

Les services de construction exigent une main d'œuvre relativement abondante (qualifiée et non qualifiée), comme le montre la part de ce secteur dans l'emploi, plus importante que sa part dans le PIB de la plupart des pays. Compte tenu de la nature des activités de construction, les possibilités de mécanisation et d'automatisation, et donc d'accroissement de l'intensité de capital, restent limitées. Les restrictions touchant le mouvement des personnes influent donc considérablement sur les indices de ce secteur. En dehors des examens du marché de l'emploi et d'autres restrictions horizontales, les mouvements du personnel qualifié en matière de construction peuvent être entravés par des réglementations de licences ou l'absence de reconnaissance des qualifications étrangères. Dans la plupart des pays de la base de données de l'IRES, la délivrance de permis de construire est subordonnée à la condition qu'un ingénieur au moins soit titulaire d'une licence locale.

Les restrictions visant les marchés publics ont une incidence particulière sur le secteur de la construction, compte tenu de de la part qu'y représente la demande des pouvoirs publics. De nombreux pays limitent l'accès non discriminatoire aux marchés publics aux partenaires des accords de libre échange ou de l'Accord de l'OMC sur les marchés publics (AMP). Il est courant également de privilégier explicitement les prestataires locaux sur les marchés, en particulier au moyen de prix préférentiels ou de compensations. Le graphique 2.7 montre que les valeurs de l'IRES des services de construction sont en corrélation étroite avec celles des services d'ingénierie. Comme ces services sont souvent fournis par les mêmes entreprises, les politiques restrictives en place dans ces secteurs complémentaires conduisent à des effets conjoints qui peuvent peser lourdement sur les prestataires de services. Le graphique 2.7 montre aussi que les coûts d'exécution des procédures nécessaires pour obtenir un permis de construire sont en général supérieurs dans les économies qui présentent des scores relativement élevés dans les deux secteurs, malgré quelques exceptions.

Les services d'ingénierie présentent une forte intensité de connaissances. Dans les 27 pays qui réglementent cette profession, les prestataires étrangers peuvent faire face à des procédures coûteuses et longues pour l'obtention de licences et la reconnaissance de leurs qualifications. Lorsque l'obligation de licence est combinée avec des conditions de résidence ou de nationalité, l'accès aux marchés des ressortissants étrangers est très limité. Un seul pays de la base de données de l'IRES restreint la participation étrangère aux services d'ingénierie. Dans certaines autres économies, la majorité des actionnaires des cabinets d'ingénierie doivent être des professionnels titulaires d'une licence. D'autres obstacles sont créés par les restrictions à l'acquisition de terrains et de biens immobiliers, ainsi qu'à la participation aux marchés publics, qui peuvent être particulièrement préjudiciables dans le cas des services d'ingénierie, compte tenu de leur complémentarité avec le secteur de la construction.

Les services d'ingénierie ne visent pas uniquement le secteur du bâtiment. Ils jouent aussi un rôle essentiel dans le renforcement de la compétitivité dans le secteur des produits de haute technologie. L'industrie manufacturière dispose de différentes solutions pour acquérir des services d'ingénierie ; elle peut notamment recruter des ingénieurs chargés de fournir des services d'ingénierie en interne, ou faire appel à des cabinets d'ingénierie locaux et internationaux. Ces dernières années ont été marquées par la numérisation de nombreuses activités du secteur, qui connaît une mutation en profondeur, comme l'explique le chapitre 1.

Graphique 2.7. **IRES des services de construction et d'ingénierie et coûts d'obtention des permis de construire, 2016**

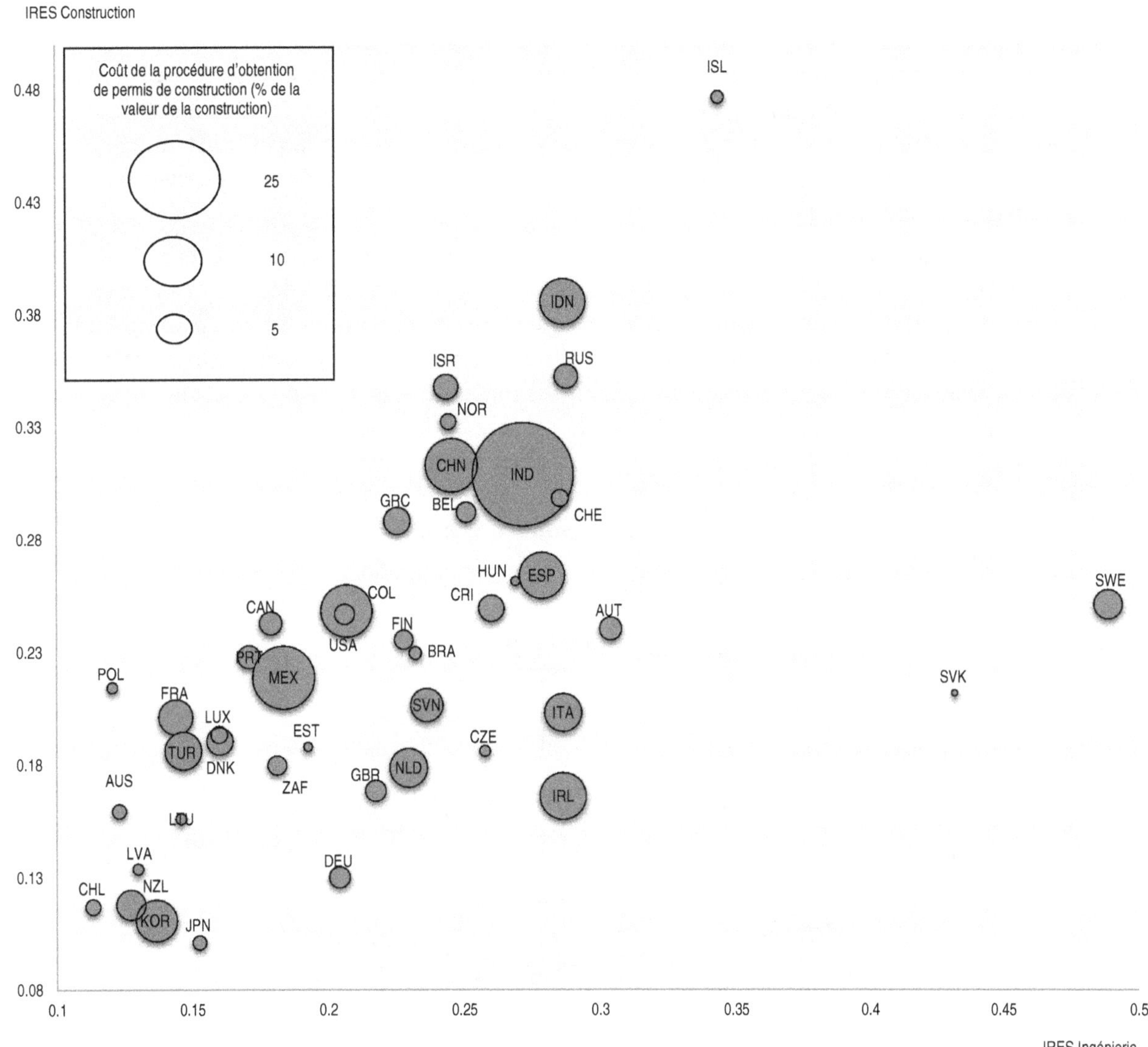

Source : IRES de l'OCDE et Indicateurs « Doing Business » de la Banque mondiale.

Réformes des politiques en matière de services dans l'IRES (2014-16)

Les réformes prises en compte dans l'IRES témoignent des évolutions du cadre des politiques commerciales, qui conduisent à des modifications des réponses enregistrées dans la base de données de l'IRES. Cette section présente les principales évolutions des politiques enregistrées dans l'IRES entre 2014 et 2016, et les effets de ces réformes sur les indices.

Principales réformes

L'**Indonésie** a adopté d'importantes réformes en 2016, lorsqu'elle a mis à jour sa liste négative d'investissement, principal instrument de gestion de l'investissement étranger dans le pays. La réforme la plus importante a consisté à libéraliser l'investissement étranger en supprimant les restrictions à la participation étrangère dans plusieurs secteurs de services. Dans le secteur des télécommunications, la participation étrangère a été portée de

49 % à 67 % ; dans le secteur de la téléphonie mobile et fixe, elle est passée de 65 % à 67 %. Les secteurs du cinéma et de l'enregistrement sonore sont désormais complètement ouverts à l'investissement étranger. Dans le transport aérien, la libéralisation s'est traduite notamment par la hausse du plafond de participation étrangère, porté de 49 % à 67 %. Certains segments du secteur logistique (manutention de marchandises, stockage et entreposage, et transit) ont également été libéralisés : la participation étrangère peut désormais atteindre 67 % dans ces trois catégories, alors qu'elle était auparavant limitée à 49 % dans la manutention de marchandises et le transit, et à 33 % dans les services de stockage et d'entreposage.

Le graphique 2.8 fait apparaître l'évolution des IRES de l'Indonésie entre 2014 et 2016. Il montre une baisse des indices de plusieurs secteurs en 2016 par suite de la mise à jour de la liste négative d'investissement. C'est dans les secteurs du cinéma et de l'enregistrement sonore que les effets sont les plus sensibles, l'élimination des restrictions à la participation étrangère ayant pratiquement réduit de moitié les indices des deux secteurs. La baisse est moins notable dans d'autres secteurs, dans la mesure où la participation étrangère reste plafonnée, même si le plafond est plus élevé qu'avant les modifications de 2016.

Graphique 2.8. **Réformes adoptées en Indonésie, 2014-16**

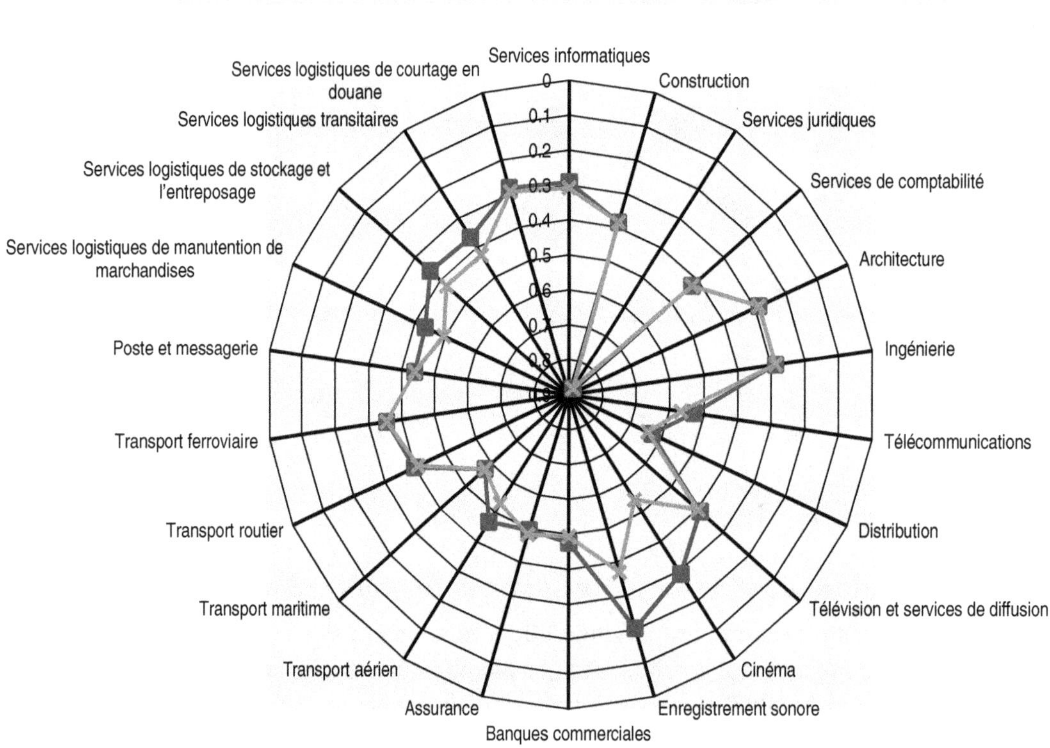

La **République populaire de Chine** (ci-après la « Chine ») a révisé en 2015 son catalogue des investissements étrangers. Celui-ci constitue le principal instrument de gestion de l'investissement direct étranger. Les secteurs qui n'y figurent pas sont considérés comme ouverts à l'investissement étranger sans limitation. Les secteurs pris en compte se répartissent en trois catégories, selon que l'investissement y est encouragé, restreint ou interdit. Dans le catalogue révisé, les services de transport ferroviaire et les services de vente directe, en particulier de vente en ligne, ont été retirés de la catégorie restreinte, ce qui permet la prise de participation étrangère à 100 %. Dans les services de télécommunications, la Chine a mis en place des réglementations proconcurrentielles et révisé le catalogue de classification des entreprises du secteur pour autoriser la revente de services de communications mobiles. En outre, le catalogue révisé prévoit des politiques plus libérales en matière de commerce électronique.

En **Inde**, les mesures concernant l'investissement étranger sont regroupées dans la « politique d'IDE consolidée », mise à jour chaque année. Dans l'édition 2014, le plafond de participation étrangère aux entreprises de télécommunications a été porté de 74 % à 100 %, bien que les investissements supérieurs à 49 % du capital de l'entreprise restent soumis à l'approbation du gouvernement. En 2015, de nombreuses réformes ont visé le secteur des services d'assurance. Dans un premier temps, la participation étrangère a été portée de 26 % à 49 %. La loi sur les assurances (amendée) de 2015 autorise les réassureurs étrangers à ouvrir des filiales en Inde et définit les conditions de leur activité. En 2016, la politique d'IDE consolidée a assoupli les conditions de l'investissement étranger dans les services de radio et télédiffusion (diffusion directe par satellite, réseaux numériques câblés et système HITS de diffusion télévisuelle à la carte –système par satellite diffusant les chaînes de télévision à des opérateurs du câble) en portant le plafond de participations étrangères de 74 % à 100 %. Pour compléter la politique d'IDE, le gouvernement a également libéralisé l'investissement dans les entreprises de transport aérien, sauf dans le cas des investissements des compagnies aériennes, dont le plafond a été maintenu à 49 %.

Le **Mexique** a adopté un ensemble de réformes, en particulier de nouvelles réglementations dans des secteurs comme les télécommunications, la radiodiffusion et les services financiers. En 2015, une loi nouvelle sur les télécommunications et la radiodiffusion (*Ley Federal de Telecomunicaciones y Radiodifusión*) a supprimé les restrictions à la participation étrangère dans les segments de la téléphonie fixe et des services internet du secteur. Elle a également mis en place une nouvelle autorité de réglementation indépendante et une série de mesures proconcurrentielles destinées à remettre en cause la position dominante des entreprises de télécommunications en place. En ce qui concerne les services de radiodiffusion, l'investissement étranger dans les entreprises locales reste possible sur la base de la réciprocité uniquement, alors que d'autres restrictions du temps de diffusion et des subventions discriminatoires ont été mises en place dans la nouvelle loi. La réforme financière vise à renforcer la réglementation prudentielle, à accroître la pénétration du crédit et à encourager la concurrence. Elle permet également aux établissements financiers étrangers d'ouvrir des filiales au Mexique afin de proposer des services d'assurance.

D'autres pays enregistrent des évolutions moins radicales de l'IRES :

- La Norvège a mis en œuvre en 2015 la Directive postale de l'UE qui prévoit l'élimination du monopole postal des envois de courrier, ainsi que d'autres mesures de libéralisation relatives aux conditions d'activité et d'accès au réseau postal.
- La Grèce a levé l'obligation d'approbation préalable en cas d'acquisition par des investisseurs étrangers de parts dans des entreprises publiques de certains secteurs de services et a supprimé les réglementations sur les honoraires pour services professionnels (en maintenant cependant les recommandations sur les honoraires minimaux des comptables) en 2014.
- La Hongrie a adopté en 2015 un décret qui fixe des quotas de ressortissants des pays non membres de l'UE pouvant bénéficier de permis de travail dans le pays.

- Le Japon a supprimé les conditions de résidence qui s'appliquaient aux membres du conseil d'administration des entreprises nationales en 2015. En 2016, il a également renforcé les mesures destinées à empêcher le transfert des revenus d'origine criminelle afin de se conformer pleinement aux recommandations du Groupe d'action financière sur le blanchiment des capitaux.
- La Corée a supprimé en 2015 l'obligation pour les investisseurs étrangers de transférer leurs actions à des ressortissants coréens dans un délai de six mois lorsque l'enregistrement est annulé. Les restrictions aux activités de banque en ligne ont également été supprimées. D'un autre côté, une disposition prévoyant que seuls les architectes habilités peuvent créer un cabinet d'architecte a été adoptée.
- La Fédération de Russie a limité la participation des étrangers au capital autorisé total des établissements de crédit et a réduit le pourcentage de participation étrangère autorisée dans les entreprises de radiodiffusion en 2016.
- L'Afrique du Sud a supprimé en 2014 le contingentement des fournisseurs de services contractuels et indépendants, ainsi que les examens du marché de l'emploi dans le cas des employés transférés à l'intérieur d'une entreprise.
- La Turquie a adopté en 2015 un règlement d'application de la loi de 2013 sur la libéralisation du transport ferroviaire turc. La nouvelle réglementation remédie à certaines lacunes et prépare la mise en œuvre des réformes prévues pour le transport ferroviaire. En 2016, le pays a également adopté une nouvelle loi sur la protection des données personnelles.
- Aux États-Unis, les banques étrangères détenant au moins 50 milliards USD d'actifs des États-Unis doivent depuis juillet 2016 constituer une sous-holding intermédiaire chargée de jouer le rôle de société mère pour l'ensemble des filiales de la banque étrangère aux États-Unis.

Importance des évolutions des politiques dans l'IRES

L'IRES a enregistré 140 modifications des politiques entre 2014 et 2016 dans l'ensemble des pays pris en compte (graphique 2.9). Près de la moitié des réformes ont eu lieu en 2015, et un tiers en 2016. La plupart visaient des réglementations applicables à l'ensemble de l'économie (mesures horizontales), tandis que la plus grande partie des réformes sectorielles ont porté sur les télécommunications, les services financiers (assurances et secteur bancaire commercial) et les services de diffusion audiovisuelle.

Certaines modifications des politiques ont eu un effet plus marqué sur l'IRES que d'autres. Le graphique 2.10 montre le changement global des valeurs de chaque secteur de l'IRES ayant subi des réformes. Ces deux années, la baisse des notes est plus forte que la hausse ; la tendance générale est donc à la libéralisation des échanges. Cependant, dans certains secteurs comme les services de diffusion audiovisuelle et différents services professionnels, l'évolution va dans le sens opposé.

Les modifications de mesures horizontales (c'est-à-dire communes à l'ensemble des secteurs) ont contribué à la fois à faire monter et à faire baisser les notes. D'un côté, les évolutions résultant de la libéralisation des échanges ont amélioré les conditions d'établissement et de fonctionnement des entreprises étrangères, par la suppression des exigences de fonds propres minimums pour l'enregistrement des sociétés ou entreprises à responsabilité limitée, le retrait des conditions de résidence pour les membres des conseils d'administration et l'élimination des conditions de transfert de capitaux, entre autres. L'amélioration des procédures administratives a aussi contribué à faire baisser l'IRES dans

Graphique 2.9. **Évolution des politiques dans l'IRES, 2014-16**

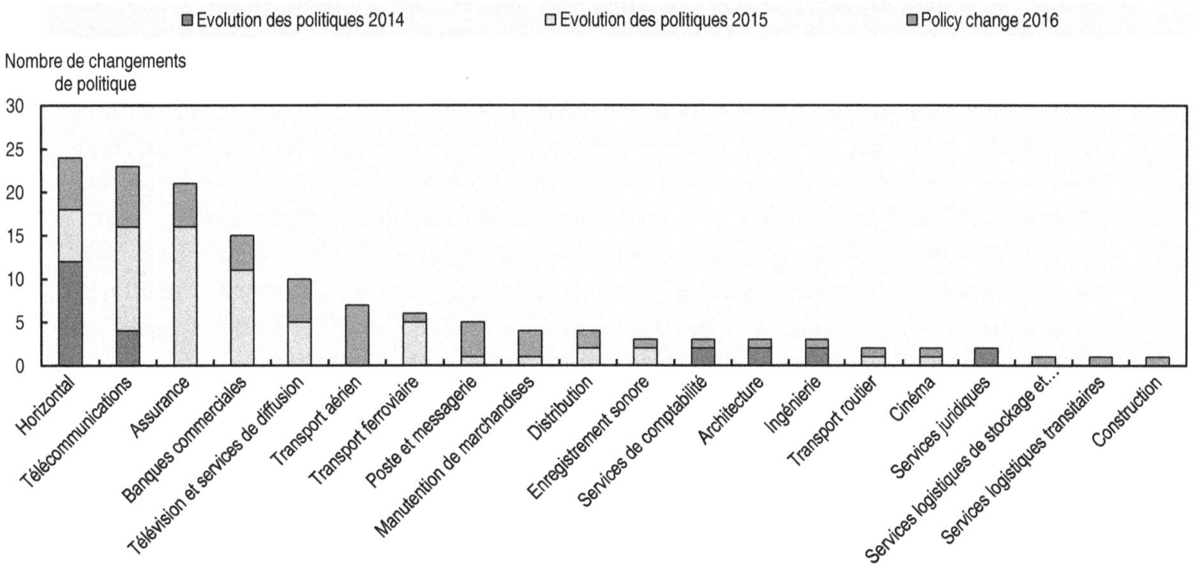

Graphique 2.10. **Évolution des indices par secteur, 2014-16**

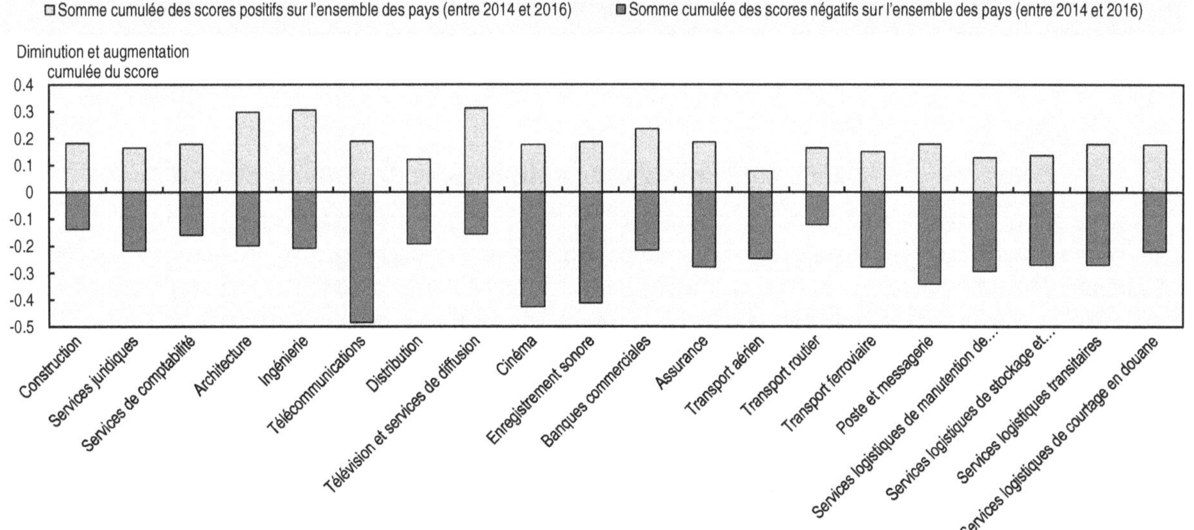

divers secteurs. D'un autre côté, les hausses horizontales des valeurs de l'IRES sont dues principalement à la mise en place de réglementations plus strictes de l'examen du marché de l'emploi et au raccourcissement des durées de séjour autorisées pour les personnes physiques qui fournissent des services temporaires en tant que personnel transféré à l'intérieur d'une entreprise, prestataires de services contractuels ou prestataires de services indépendants.

Les télécommunications, les services audiovisuels (radiodiffusion, cinéma, enregistrements sonores), certains services professionnels, les services de messagerie et de logistique (manutention de marchandises, stockage et entreposage et transit) ont été particulièrement touchés par des mutations sectorielles. Dans les télécommunications, les principaux facteurs de changement ont été l'assouplissement des obstacles à l'investissement étranger et la mise en place de réglementations *ex ante* favorables à la concurrence pour les fournisseurs dominants. Dans les services audiovisuels, l'évolution des indices est imputable en grande partie à celle des conditions de participation étrangère dans les entreprises audiovisuelles. La hausse observée dans les services professionnels résulte de restrictions horizontales du mouvement temporaire de prestataires de services. Comme ces services présentent une forte intensité de connaissances, les obstacles aux mouvements des personnes influent davantage sur les échanges. Dans le cas des services de messagerie, l'élimination des conditions d'exploitation et l'amélioration de l'environnement concurrentiel ont contribué aux évolutions observées. Dans les services logistiques, l'assouplissement des restrictions de la participation étrangère a contribué à améliorer les indices des services de manutention de marchandises, de stockage et d'entreposage et de transit.

Tensions commerciales créées par la réglementation

Les exportateurs de services doivent se conformer aux réglementations de tous les pays avec lesquels ils ont des échanges et les différences de réglementations auxquelles ils doivent faire face sur chaque marché peuvent accroître le coût de leurs activités[7]. Les indices d'hétérogénéité de la réglementation de l'IRES rendent compte de ces différences par paire de pays et par secteur (encadré 2.5).

Les graphes de réseau offrent un moyen simple de visualiser la complexité de l'hétérogénéité des réglementations d'un pays et d'un secteur à l'autre. Il s'agit de structures mathématiques utilisées pour modéliser des liens par paire entre des objets. Ils comportent des sommets ou nœuds connectés par des arêtes ou flèches. Les graphes de réseau présentés

Encadré 2.5. **Quelle est l'ampleur des différences de réglementation ?**

Les détails qui figurent dans la base de données de l'IRES donnent des informations, non seulement sur le niveau des restrictions en vigueur dans chaque pays, mais aussi sur le degré de ressemblance entre les systèmes réglementaires des différents marchés. Les indices d'hétérogénéité des réglementations sont construits par comparaison de paires de pays, mesure par mesure et secteur par secteur. Pour chaque mesure, la paire de pays reçoit une note de 1 si tous deux donnent la même réponse (réglementations similaires) et de 0 si leurs réponses sont différentes (réglementations divergentes). Les notes sont agrégées selon la même pondération que les indices de l'IRES, de façon à donner un indice d'hétérogénéité des réglementations pour chaque paire de pays dans chaque secteur (graphique 2.11).

C'est dans les secteurs des services informatiques (réglementations horizontales essentiellement), des services professionnels, des services bancaires et des télécommunications que les réglementations diffèrent le plus d'un pays à l'autre. Dans ces secteurs, à l'exception peut-être du secteur informatique, les systèmes réglementaires ont été créés avant l'apparition des nouvelles technologies et la transformation des marchés locaux en marchés mondiaux sous l'effet de la libéralisation des échanges.

De 2014 à 2016, la convergence la plus significative est observée dans le secteur des télécommunications – l'un des rares secteurs dans lesquels les accords commerciaux prévoient souvent des engagements contraignants à l'égard des réglementations favorables à la concurrence – mais aussi dans les services financiers, les services audiovisuels, les services de comptabilité et d'audit. À l'inverse, l'évolution des politiques a conduit à une forte divergence des réglementations dans le transport routier de marchandises, l'ingénierie et les services informatiques (graphique 2.12). Il est encore trop tôt pour déterminer si les divergences observées sur cette courte période sont imputables à l'accentuation des différences de réglementation ou s'il s'agit d'un phénomène temporaire lié aux rythmes différents de mise en œuvre des réformes par les pays.

Encadré 2.5. **Quelle est l'ampleur des différences de réglementation ?** *(suite)*

Graphique 2.11. **Hétérogénéité des réglementations dans les services, 2016**

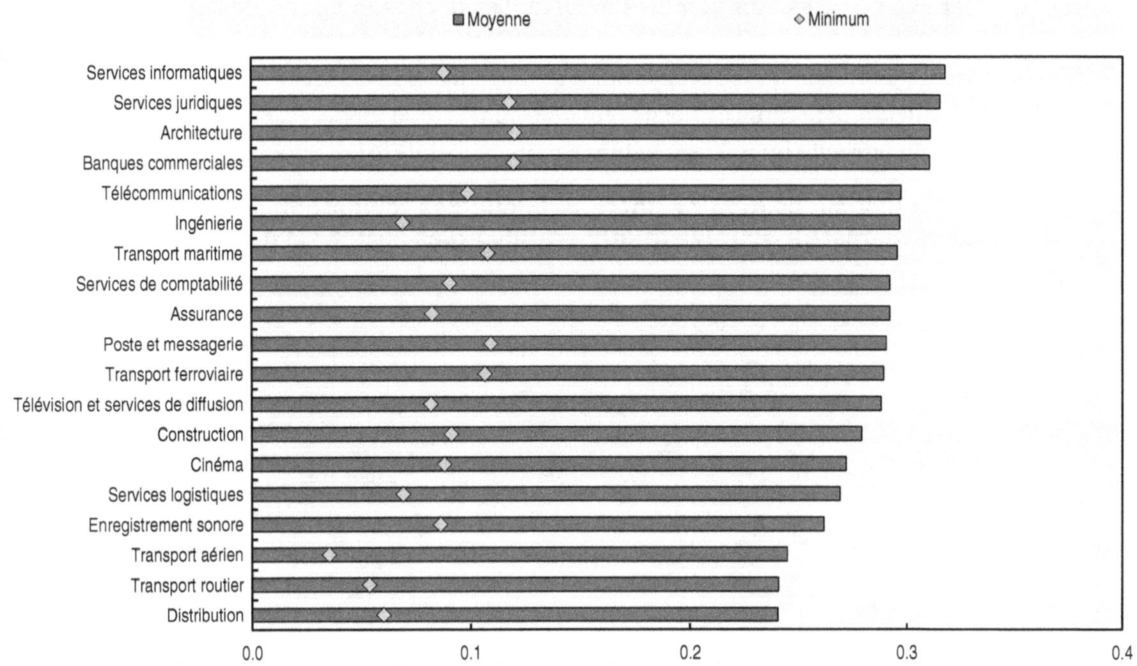

Note : Les barres correspondent aux moyennes de l'ensemble des paires de pays pour les 44 pays.
Source : Base de données de l'IRES de l'OCDE.

Graphique 2.12. **Convergence et divergence des réglementations, 2014-16**

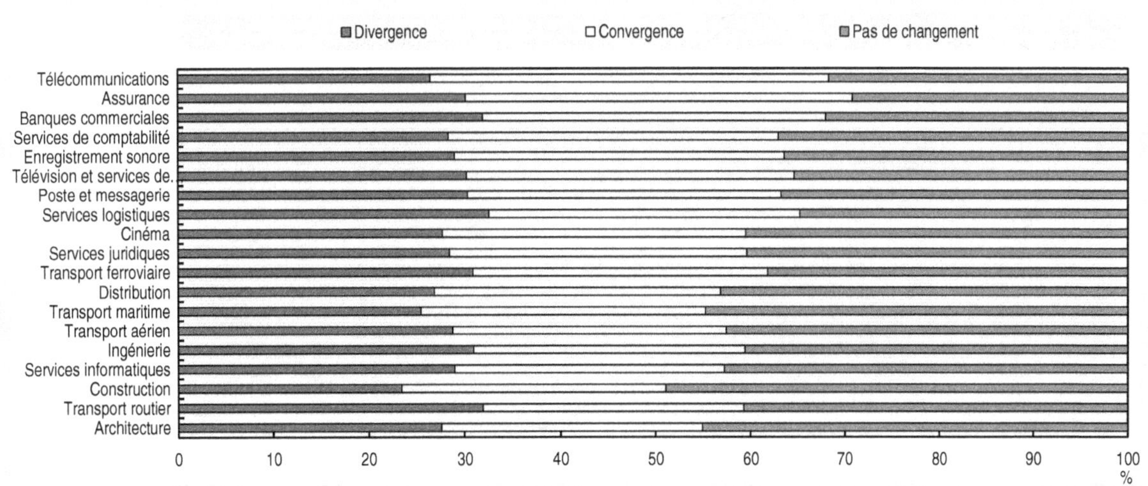

Note : Les barres indiquent le pourcentage des paires de pays présentant une baisse, un maintien ou une hausse des indices d'hétérogénéité de la réglementation entre 2014 et 2016.
Source : Base de données de l'IRES de l'OCDE.

au graphique 2.13 montrent les connexions entre les pays qui présentent les réglementations les plus similaires, sur la base de l'indice d'hétérogénéité de l'IRES établi pour les quatre grands ensembles analysés dans ce chapitre. La taille de chaque nœud de pays est mesurée en fonction de sa similitude avec l'ensemble des autres pays. La centralité des pays est indiquée par des nuances plus sombres de bleu. Les flèches indiquent les pays les plus similaires du point de vue du pays d'où vient la flèche. L'épaisseur des lignes indique le degré de ressemblance bilatérale. Tous les pays ont au moins une flèche dirigée vers le pays le plus similaire. Par ailleurs, le nombre de flèches est déterminé par le nombre de pays avec lesquels le pays considéré présente un indice d'hétérogénéité bilatérale inférieur à la moyenne.

Graphique 2.13. **Visualisation de l'hétérogénéité des réglementations au moyen de graphes de réseau pour les quatre grands pôles sectoriels de l'IRES, 2016**

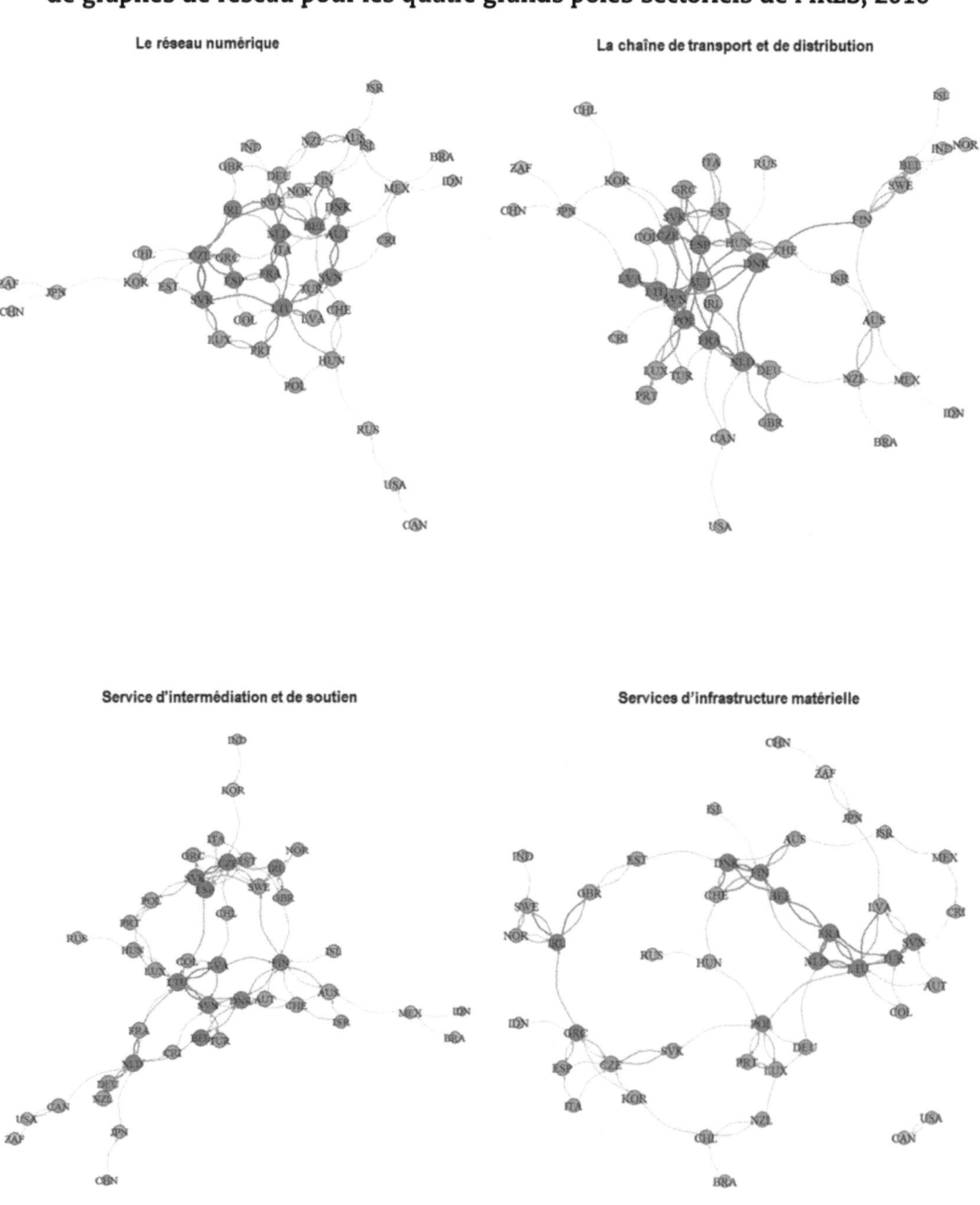

Un coup d'œil rapide aux graphiques conduit à penser que les indices d'hétérogénéité de la réglementation peuvent être liés à la distance entre les pays. En fait, la corrélation entre l'indice d'hétérogénéité de la réglementation d'une paire de pays et la distance géographique entre eux est positive et statistiquement significative[8]. Les quatre graphiques présentent tous la caractéristique d'avoir un ou plusieurs pôles constitués essentiellement de pays européens. Cela n'est pas surprenant, étant donné que l'Union européenne partage non seulement un marché commun, mais aussi un cadre réglementaire commun des télécommunications, du transport, des services audiovisuels et des services bancaires commerciaux, et que la directive sur les services couvre la plupart des autres secteurs[9]. C'est entre les Républiques tchèque et slovaque, qui formaient auparavant un seul pays, que le degré de similitude bilatérale est le plus élevé, et entre la France et les Pays-Bas. Les pays qui présentent des profils réglementaires très distincts dans tous les secteurs sont l'Indonésie, la Chine et le Brésil qui forment de petits nœuds à la périphérie des quatre graphiques.

Les quatre graphiques montrent aussi d'intéressantes différences entre les secteurs. Celui du réseau numérique comporte un large ensemble de pays relativement similaires et, en périphérie, des pays présentant un profil réglementaire plus distinct. Le graphique de la chaîne de transport et de distribution est moins concentré ; on y observe un ensemble de pays essentiellement européens mais aussi de petits ensembles composés des pays nordiques et de l'Australie/Nouvelle-Zélande respectivement. Le Danemark est cependant plus proche de l'Europe continentale que des autres pays nordiques dans les quatre graphiques. Le graphique des services d'intermédiation et de soutien montre un réseau circulaire comportant un satellite principal et des éléments isolés qui présentent des profils réglementaires distincts. Les pays les plus au centre du réseau circulaire sont la République tchèque, la Finlande et la Lituanie. Le satellite auquel sont connectés le Japon, le Canada et les États-Unis est centré sur les Pays-Bas. Enfin, le graphique des services d'infrastructure matérielle présente une structure beaucoup plus dispersée avec des pôles plus petits. Le pôle le plus petit contient les États-Unis et le Canada qui sont assez similaires mais distincts des autres pays. Dans l'Union européenne, les professions sont réglementées (ou non) au niveau national et soumises à une directive sur la reconnaissance mutuelle, raisons pour lesquelles il n'existe pas de pôle européen distinct dans ces secteurs.

Conclusions

L'IRES vise à rendre compte des restrictions que font peser les réglementations sur les échanges. Dans les secteurs où les réglementations sont nécessaires pour lutter contre les ententes, l'IRES met en évidence les restrictions des échanges dues à l'absence de réglementations. Les indices IRES n'ont pas de vocation normative, mais cherchent à décrire la situation une année donnée. Il est clair que la capacité d'adopter les meilleures pratiques évolue dans le temps en fonction de l'expérience et des ressources dont disposent les organismes de réglementation. En outre, les bonnes pratiques de réglementation qui permettent de satisfaire à des objectifs sociaux légitimes sans porter atteinte au commerce international évoluent à mesure que les technologies apportent de nouveaux services sur les marchés internationaux et fournissent de nouveaux outils pour l'information et la protection des consommateurs, et pour la surveillance de la conduite des prestataires de services. Les outils de l'IRES sont conçus pour s'adapter à ces changements. Ils sont en évolution permanente et le seront toujours. Les réformes doivent se fonder sur une évaluation des coûts et bénéfices des modifications proposées. Le chapitre 3 résume les travaux de l'OCDE sur l'estimation des coûts des réglementations qui restreignent les échanges.

Notes

1. Voir le chapitre 3 pour un examen plus approfondi des liens entre biens et services.
2. Les échanges internationaux sont régis par un réseau d'accords bilatéraux. Des travaux ont été engagés pour les intégrer également. C'est le cas également des transports routiers.
3. Les coefficients de corrélation par paire de Pearson s'échelonnent de -0.21 dans le transport routier à -0.67 dans les services bancaires commerciaux ; les services d'assurance et de télécommunications présentent eux aussi un coefficient supérieur à 0.6 (en valeur absolue). Le coefficient du transport routier est statistiquement significatif au seuil de signification de 2 %, tous les autres au seuil de 0.1 % ou moins.
4. Les séries chronologiques de l'IRES de certains secteurs en Corée sont tirées d'une récente étude du pays (OCDE, 2017).
5. Dans tous les secteurs, l'Islande constitue un cas particulier, avec des indices relativement élevés dans l'IRES, mais de bons résultats néanmoins pour ce qui est des indicateurs sectoriels de performances figurant dans cette section. Peut-être est-ce dû à la très petite taille de l'économie de l'Islande et à son appartenance à l'Espace économique européen, qui lui permet d'accéder à une région dont la taille, mesurée par le PIB, est mille fois supérieure à la sienne.
6. Il faut noter que l'IRES ne cherche pas à définir l'ampleur ou la nature des mesures considérées comme prudentielles, mais à enregistrer de façon objective et comparable la situation des restrictions juridiques et réglementaires auxquelles doivent faire face les banques étrangères.
7. Nordås (2016) fournit une description complète de la méthodologie et des indices.
8. Le coefficient de corrélation par paire est de 0.5 ; il est statistiquement significatif au seuil de 0.1 %.
9. Les directives de l'UE laissent aux États membres une certaine liberté pour ce qui est de leur transposition dans le droit national, qui peut différer quelque peu dans ses détails d'un pays à l'autre.

Références

Banque mondiale (2016), « Doing Business Indicators 2016 », voir : *http://francais.doingbusiness.org/data/exploretopics/dealing-with-construction-permits.*

eBay (2016a), « Small online business growth report: Towards an inclusive global economy », eBay Public Policy Lab, *www.ebaymainstreet.com/sites/default/files/ebay_global-report_vf_no-countries_0.pdf.*

eBay (2016b), « Platform-enabled small businesses and inclusive economic opportunities », eBay Public Policy Lab, *www.ebaymainstreet.com/sites/default/files/ebay_report_pesbieo_.pdf.*

Forum économique mondial (2016), « The global competitiveness report 2015-2016 », voir : *www3.weforum.org/docs/gcr/2015-2016/Global_Competitiveness_Report_2015-2016.pdf.*

Geloso Grosso, M., F. Gonzales, S. Miroudot, H. Kyvik Nordås, D. Rouzet et A. Ueno (2015), « Services Trade Restrictiveness Index (STRI): Scoring and weighting methodology », *Documents de travail de l'OCDE sur la politique commerciale*, n° 177, Éditions OCDE, Paris, *http://dx.doi.org/10.1787/5js7n8wbtk9r-en.*

Miroudot, S. et K. Pertel (2015), « Water in the GATS: Methodology and results », *Documents de travail de l'OCDE sur la politique commerciale*, n° 185, Éditions OCDE, Paris, *http://dx.doi.org/10.1787/5jrs6k35nnf1-en.*

Nordstrøm, H. (2017), « Korea 3.0: Unleashing the services economy », *Documents de travail de l'OCDE sur la politique commerciale*, Éditions OCDE, Paris, à paraître.

OCDE (2015a), *Perspectives de l'économie numérique de l'OCDE 2015*, Éditions OCDE, Paris, *http://dx.doi.org/10.1787/9789264243767-fr.*

OCDE (2015b), *Panorama de l'entrepreneuriat 2015*, Éditions OCDE, Paris, *http://dx.doi.org/10.1787/entrepreneur_aag-2015-fr.*

UE (2015), « Annual report on European SMEs 2014/2015: SMEs start hiring again », *SME Performance Review 2014/2015*, Final Report, voir : *http://ec.europa.eu/growth/tools-databases/newsroom/cf/itemdetail.cfm?item_id=8557.*

Les politiques d'échanges de services dans une économie mondialisée

Chapitre 3

Les avantages de l'ouverture des marchés de services

Le chapitre 3 présente des données montrant que les obstacles aux échanges de services nuisent gravement au commerce, ce qui a d'importantes conséquences pour d'autres aspects de la performance économique. Il passe en revue les conclusions de récentes analyses de l'OCDE portant sur les effets que produisent ces restrictions sur le secteur des services lui-même, ainsi que sur les secteurs en aval qui utilisent les services comme facteurs de production intermédiaires. Ce chapitre expose en outre les premières informations émanant d'une analyse en cours à l'OCDE, destinée à élaborer des équivalents coûts des échanges pour les obstacles au commerce des services. Enfin, il décrit les conclusions préliminaires de travaux visant à estimer la valeur des engagements pris en vertu des accords internationaux sur le commerce, en particulier pour ce qui est de renforcer la transparence et la prévisibilité en matière d'échanges et d'investissement.

Les services génèrent plus des deux tiers du PIB mondial, attirent plus des trois quarts de l'investissement direct étranger (IDE) dans les économies avancées, emploient la plupart des travailleurs et créent la majeure partie des nouveaux emplois dans le monde. Alors que la transition vers une économie de services se produit de plus en plus tôt dans le cycle du développement, la politique commerciale ne suit pas toujours le mouvement et les obstacles aux échanges internationaux de services demeurent plus répandus que dans le secteur manufacturier. Les restrictions au commerce des services engendrent des pertes pour les entreprises prestataires, qui ont plus de difficultés à s'implanter sur les marchés étrangers, pour les ménages et les entreprises clientes, qui sont privés d'un accès à des services plus diversifiés au meilleur prix, et pour les travailleurs, qui manquent les opportunités que leur offriraient davantage d'exportations et d'IDE. Par contraste, l'intégration dans les réseaux mondiaux en tant qu'exportateur ou bénéficiaire d'IDE peut donner lieu à des flux de création locale de valeur ajoutée, d'innovation et d'emplois de qualité, qui sont perdus chaque fois que des politiques restrictives dissuadent une entreprise de se développer à l'étranger.

Les échanges de services reposent sur différents modèles opérationnels, utilisés par les entreprises pour satisfaire au mieux les besoins de leurs clients étrangers. Un prestataire de services peut exporter directement, par exemple s'il vend des logiciels par la voie numérique (mode 1 : fourniture transfrontières). Les entreprises peuvent aussi ouvrir des filiales à l'étranger, lorsque la proximité avec les clients est importante, comme lorsqu'une banque commerciale ouvre un réseau d'agences sur un marché prometteur (mode 3 : présence commerciale à l'étranger). Les entreprises exportatrices de services peuvent envoyer des collaborateurs à l'étranger pour de courtes missions, par exemple des ingénieurs qui vont concevoir un projet en collaboration avec le client sur place, ou des techniciens qui se déplacent pour installer et réparer des équipements (mode 4 : mouvement des personnes physiques). Enfin, les échanges internationaux comprennent aussi des services fournis dans le pays d'origine de l'entreprise à des non-résidents, principalement dans le secteur du tourisme (mode 2 : consommation à l'étranger). Ces modèles distincts se complètent souvent lorsque les entreprises souhaitent offrir une gamme complète de services à leurs clients. Ce faisant, les exportateurs de services doivent parfois supporter les coûts induits par l'environnement général des politiques publiques ainsi que par les politiques visant plus précisément chaque mode de fourniture.

Pour que l'ouverture des échanges et les réformes de la réglementation produisent tous leurs avantages, les décideurs doivent repérer les goulets d'étranglement réglementaires et évaluer l'incidence des politiques en place sur la promotion ou la restriction des échanges. Les mesures réglementaires peuvent nuire aux échanges et, plus largement, à la santé de l'économie de différentes façons, à savoir en étant restrictives, incohérentes ou imprévisibles. Le propos principal de l'Indice de restrictivité des échanges de services (IRES) est de se pencher sur la restrictivité des échanges et des politiques d'investissement à l'égard des prestataires de services étrangers. Parallèlement, il peut aussi être utilisé pour évaluer le coût de la mise en conformité avec les cadres réglementaires en vigueur dans différentes juridictions, ainsi que celui de l'incertitude qui naît lorsque les politiques appliquées ne concordent pas avec les engagements internationaux.

Une méthode courante, pour quantifier les effets des politiques commerciales, consiste à convertir des indicateurs comme l'IRES en équivalents coût *ad valorem* – en d'autres termes, à estimer le niveau auquel il faudrait placer un instrument de type tarifaire pour obtenir un effet défavorable aux échanges de même ampleur. Exprimés en pourcentage de la valeur des services fournis à l'étranger, les équivalents *ad valorem* offrent un moyen simple d'appréhender la restrictivité sous son aspect quantitatif. Il convient toutefois de garder à l'esprit que ces estimations constituent toujours une vision simplifiée d'un éventail complexe et hautement varié de règles commerciales, créant des coûts qui ne sont pas toujours proportionnels aux volumes échangés et qui ne sont pas toujours supportés à parts égales par tous les exportateurs et investisseurs.

L'analyse empirique[1] révèle que le coût des obstacles au commerce des services et à l'investissement dans ce domaine est lourd, dépassant largement les droits de douane moyens sur les échanges de biens, et que ce coût s'applique à tous les modes de fourniture de services à l'étranger. À titre d'exemple, le niveau moyen des restrictions en vigueur dans les télécommunications correspond à des coûts allant, pour des services hautement personnalisés, jusqu'à 150 % sur les prestations transfrontières et à 73 % sur le chiffre d'affaires des filiales à l'étranger.

Ces coûts pesant sur les échanges résultent non seulement de politiques qui ciblent explicitement les prestataires étrangers, mais aussi, plus généralement, d'une réglementation intérieure qui ne correspond pas aux bonnes pratiques en matière de concurrence et d'établissement des règles. Pour abaisser ces coûts, il reste important de poursuivre l'ouverture des marchés de services par la voie des négociations, mais il convient aussi de s'atteler à une révision des réglementations sectorielles, et à un examen de l'efficience des procédures administratives et d'agrément, pour vérifier qu'elles ne font pas peser une charge indue sur les nouveaux concurrents.

Les différentes façons dont les pays réglementent la fourniture d'un même service créent des coûts supplémentaires pour les exportateurs, qui doivent s'adapter à de nouvelles règles chaque fois qu'ils s'implantent sur un nouveau marché. La coopération en matière de réglementation joue désormais un rôle central dans les négociations sur le commerce et l'investissement mais, dans la pratique, la convergence réglementaire demeure limitée. Lorsque les marchés sont relativement ouverts, les coûts imposés par le degré moyen de différences réglementaires s'échelonnent entre 20 % et 80 %. Quoi qu'il en soit, l'élimination des restrictions existantes, là où elles sont encore élevées, devrait être prioritaire. C'est l'harmonisation des règles du jeu qui procure, de loin, les gains les plus élevés dans le cas où des pays disposés à coopérer dans le domaine de la réglementation ont déjà abaissé leurs barrières commerciales.

Lorsque les restrictions aux échanges de services sont assouplies et que la coopération en matière de réglementation fait des progrès significatifs, les petites et moyennes entreprises (PME) sont les premières à en profiter. En effet, les petits exportateurs ont plus de difficultés à supporter le coût des obstacles réglementaires et du respect de réglementations divergentes sur chaque nouveau marché. Bien souvent, les PME concluent qu'il est au-delà de leurs capacités de recenser les exigences réglementaires de chaque pays, d'adapter leurs méthodes de production et de réunir les documents attestant de leur mise en conformité, et elles renoncent à rechercher des clients sur de nouveaux marchés. Une diminution du coût de l'entrée sur les marchés contribuerait à améliorer l'inclusivité des échanges de services en permettant à un plus grand nombre de PME de saisir les opportunités qui existent dans le monde.

Étant donné leur fort potentiel d'amélioration du dynamisme commercial, de revitalisation de la concurrence et de promotion de l'attractivité de l'IDE, l'ouverture des marchés et les réformes favorisant la concurrence peuvent devenir un moteur de croissance de la productivité et de compétitivité dans l'ensemble de l'économie. Sur certains segments de la chaîne des transports et de la logistique, les restrictions commerciales en place accroissent les prix d'environ 20 % en moyenne pour les entreprises qui utilisent des services comme facteurs de production, ce qui, à terme, se répercute sur les consommateurs. Une intensification de la concurrence pourrait faire une grande différence en offrant un meilleur accès à des services de qualité internationale à des prix avantageux, ce qui aiderait les entreprises manufacturières à être compétitives sur le terrain des prix et de la qualité.

Ce chapitre présente tout d'abord le coût global des échanges qui découle de l'IRES pour les différents modes de fourniture. Dans tous les cas, les effets présentés ci-dessous doivent être compris comme le résultat attendu à long terme de la libéralisation des échanges de services, après ajustement des acteurs économiques au nouvel environnement réglementaire, plutôt que comme des réactions immédiates[2]. Il aborde ensuite la répartition de ces coûts entre les entreprises en fonction de leur taille, âge et activité, ainsi que les avantages globaux d'une meilleure réglementation des services pour l'ensemble de l'économie. Enfin, il décrit les principales conséquences à tirer de cet examen pour l'action des pouvoirs publics.

Le coût des restrictions aux échanges de services

Nul ne contestera que le commerce international soit plus coûteux que la vente sur le marché intérieur. Ce coût supplémentaire recouvre des facteurs monétaires, afférents par exemple à l'expédition, à l'assurance et aux droits de douane. Mais il est possible aussi de chiffrer les facteurs non monétaires, comme le temps de transport ou les difficultés pour faire respecter un contrat dans une juridiction étrangère. Les informations sur le montant des coûts résultant des obstacles réglementaires sont particulièrement importantes pour que les pouvoirs publics puissent prendre des décisions en connaissance de cause. La réglementation des services peut renchérir les échanges de différentes façons, dont deux sont étudiées dans la présente section. De toute évidence, on peut s'attendre à ce que la présence, dans un pays, de restrictions plus rigoureuses aux échanges de services rende ceux-ci plus onéreux. En outre, certains signes indiquent que l'hétérogénéité des réglementations entre pays importateurs et exportateurs a aussi un coût pour les échanges bilatéraux. Une troisième source de coûts provient de l'incertitude due au fait que les pays appliquent souvent des politiques qui sont plus libérales que leurs engagements en vertu d'accords internationaux, mais sur lesquelles, par conséquent, on ne peut pas compter avec certitude à l'avenir.

Les obstacles aux échanges de services donnent lieu à des coûts élevés pour les exportateurs

Les analyses empiriques montrent que le coût des échanges de services transfrontières résultant d'une réglementation protectionniste et anticoncurrentielle est d'un ordre de grandeur supérieur aux droits de douane qui sont encore appliqués au commerce des biens. L'IRES moyen[3] pour chaque secteur représente un coût des échanges compris entre 142 % et 1 800 % pour les services de messagerie, entre 115 % et 1 191 % pour la banque commerciale, entre 31 % et 149 % pour les télécommunications et entre 32 % et 154 % pour les services de construction[4]. Le graphique 3.1 illustre les coûts des échanges sur une gamme plus large d'indices de restrictivité.

Graphique 3.1. **Équivalents coût *ad valorem* pour les prestations transfrontières**

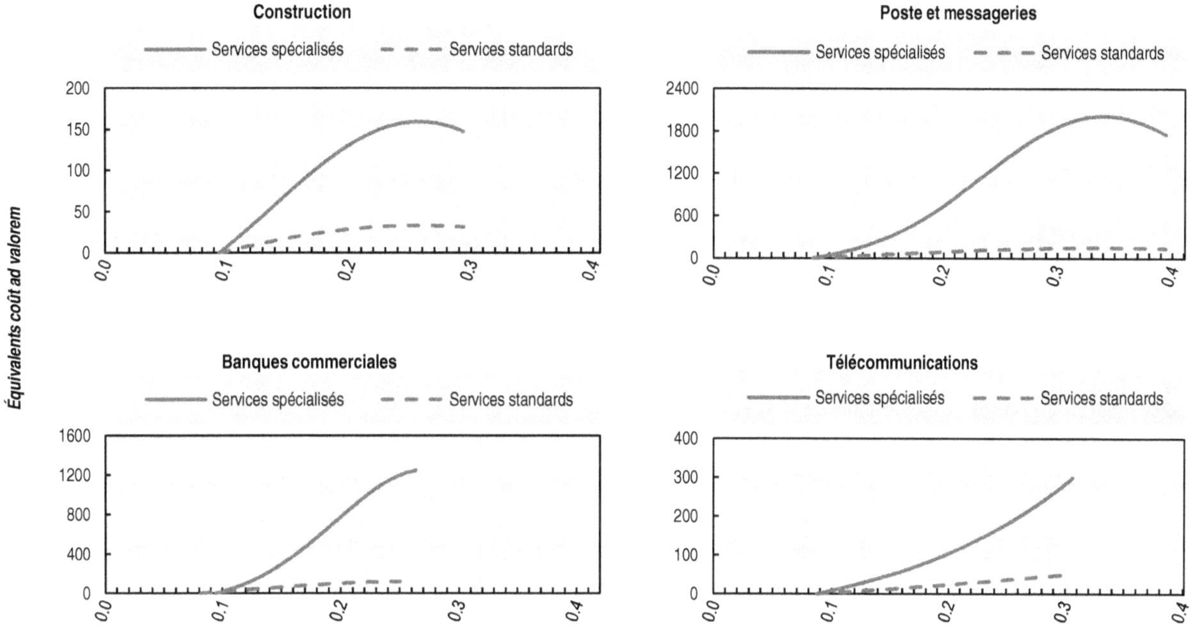

Note : Les services spécialisés correspondent à une élasticité-prix de la demande d'importations de -1.5, et les services standards à une élasticité de -5.
Source : Calculs OCDE ; voir aussi Benz (2017).

Le chiffre d'affaires des filiales étrangères semble, en termes *ad valorem*, légèrement moins subir l'influence d'une réglementation restrictive des échanges de services[5]. Cependant, étant donné que les filiales étrangères vendent généralement de plus gros volumes de services sur un marché étranger que l'exportateur transfrontière moyen, le coût total des échanges est peut-être comparable entre ces deux stratégies. Dans les services de transport, le niveau moyen de la restrictivité des échanges de services génère des coûts d'établissement commercial qui correspondent à une majoration comprise entre 51 % et 292 % du chiffre d'affaires total des filiales étrangères (graphique 3.2). Pour les filiales étrangères dans le secteur des services informatiques, l'IRES moyen représente des obstacles aux échanges qui élèvent le coût de la fourniture des services d'un montant équivalent à un droit de douane de 31 % pour les services standards et de 147 % pour les services spécialisés. Pour les services de télécommunications, ces taux sont respectivement de 18 % et 73 %. Dans le secteur de la distribution, qui représente une part majeure des échanges opérés via la présence commerciale à l'étranger pour la plupart des pays, le coût des échanges est loin d'être négligeable. En moyenne, les restrictions aux échanges dans ce secteur engendrent des coûts équivalents à un droit de douane de 10 % (services standards) ou de 37 % (services spécialisés)[6].

Les équivalents coût des échanges sont généralement plus faibles lorsque les services sont relativement standardisés. Par exemple, dans les services de messagerie pour le

Graphique 3.2. **Coût des échanges pour les filiales à l'étranger**

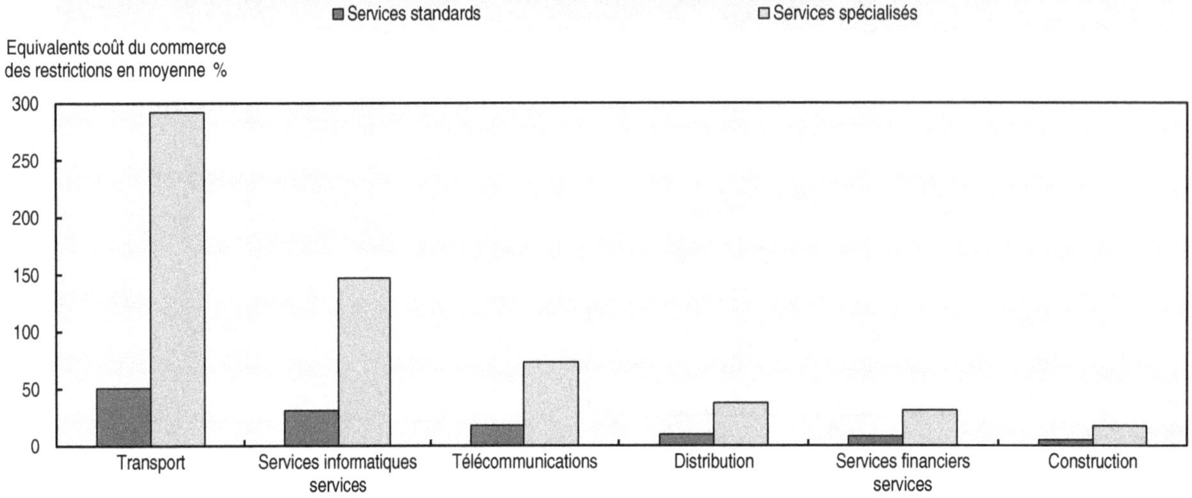

Note : Les services spécialisés correspondent à une élasticité-prix de la demande d'importations de -1.5, et les services standards à une élasticité de -5.
Source : Calculs de l'OCDE ; voir aussi Rouzet et al. (2017).

courrier standard, les différences de qualité dans la fourniture du service sont faibles. Pour de tels services, les consommateurs réagissent vivement à des variations, même faibles, du prix en réorientant leur demande vers des fournisseurs à moindre prix. À l'inverse, les prestataires de services spécialisés ont davantage de pouvoir de marché : ils peuvent relever leurs prix, car il n'est pas facile de trouver d'autres solutions. La raison en est souvent qu'ils fournissent une qualité que leurs concurrents ne peuvent pas offrir ou qu'ils adaptent leurs services en fonction des besoins de chaque client. D'après les observations, il semble que les services bancaires et professionnels sont relativement plus spécialisés, tandis que la distribution est un secteur plutôt standard. Cela signifie que le coût des échanges, pour les services bancaires, sera plus probablement en haut de la fourchette indiquée, alors qu'il sera plutôt autour du milieu de la fourchette pour la plupart des autres catégories de services et au bas de la fourchette pour les services de distribution.

En règle générale, ce coût des échanges n'augmente pas proportionnellement au degré de restriction aux échanges de services. Pour les échanges transfrontières, certains signes indiquent que les restrictions initialement imposées dans un environnement relativement libéral ont tendance à être plus coûteuses que des restrictions supplémentaires adoptées dans un régime déjà plus restrictif. Une explication potentielle est que, au-delà d'un certain seuil, le coût des échanges peut déjà être prohibitif pour les entreprises exportatrices. Ou alors, un degré supplémentaire de restrictivité peut aboutir à une situation dans laquelle un durcissement réglementaire ne contraint pas davantage le modèle opérationnel de l'entreprise parce que celle-ci ne fournit plus qu'une gamme limitée de fonctions sur le marché étranger.

Les services sont souvent fournis via une combinaison de plusieurs modes

À première vue, il peut sembler que l'exportation de services ou l'ouverture d'une filiale à l'étranger sont deux moyens possibles de servir des clients à l'étranger. Les entreprises peuvent se décider pour l'un ou l'autre de ces modes de prestation en comparant, d'une part, le coût additionnel d'une succursale locale et les risques que présente un modèle moins agile et, d'autre part, les avantages de la proximité avec les consommateurs locaux. Certains signes laissent toutefois penser que ces modes de fourniture se complètent. En outre, les prestations transfrontières comme les ventes par une filiale étrangère semblent dépendre du libre mouvement des personnes physiques. Cela peut s'expliquer par le fait que les grands projets requièrent une combinaison de différents modes de fournitures ou que différents segments de la base de clientèle sont mieux desservis par des modes différents. Par exemple, dans la construction, les obstacles à la présence commerciale (mode 3) constituent l'écrasante majorité des coûts qui pèsent sur les prestations transfrontières dans ce secteur. Les obstacles au mode 3 contribuent aussi à ces coûts dans les services de messageries et de télécommunications.

Les restrictions au-delà des frontières sont des obstacles importants à la prestation transfrontière et à l'activité des filiales étrangères. Dans les secteurs des télécommunications et des transports maritimes en particulier, les prestations de services transfrontières subissent les effets d'une faible application de la concurrence, par exemple lorsque les accords d'expédition sont exemptés du droit de la concurrence, les opérateurs dominants de télécommunications ne sont pas suffisamment réglementés, ou les procédures et la réglementation manquent de transparence. De même, la plupart des obstacles importants aux ventes des filiales étrangères semblent se dresser une fois la frontière passée, comme le résume le graphique 3.3 à la rubrique « Tous modes ». Si une réglementation peu propice à la concurrence ou un lourd fardeau réglementaire sont non discriminatoires au sens où ils pèsent à la fois sur les fournisseurs nationaux et leurs concurrents étrangers, il arrive souvent, néanmoins, que les fournisseurs étrangers soient davantage entravés parce qu'ils connaissent mal la réglementation et qu'ils doivent affronter différents types de restrictions dans différents pays. Ce résultat montre combien il est important d'étendre les bonnes pratiques en matière de réglementation et de libéralisation au-delà de l'accès au marché et des restrictions nationales. De fait, les obstacles discriminatoires semblent relativement

Graphique 3.3. **Ventilation du coût des échanges pour les filiales à l'étranger**

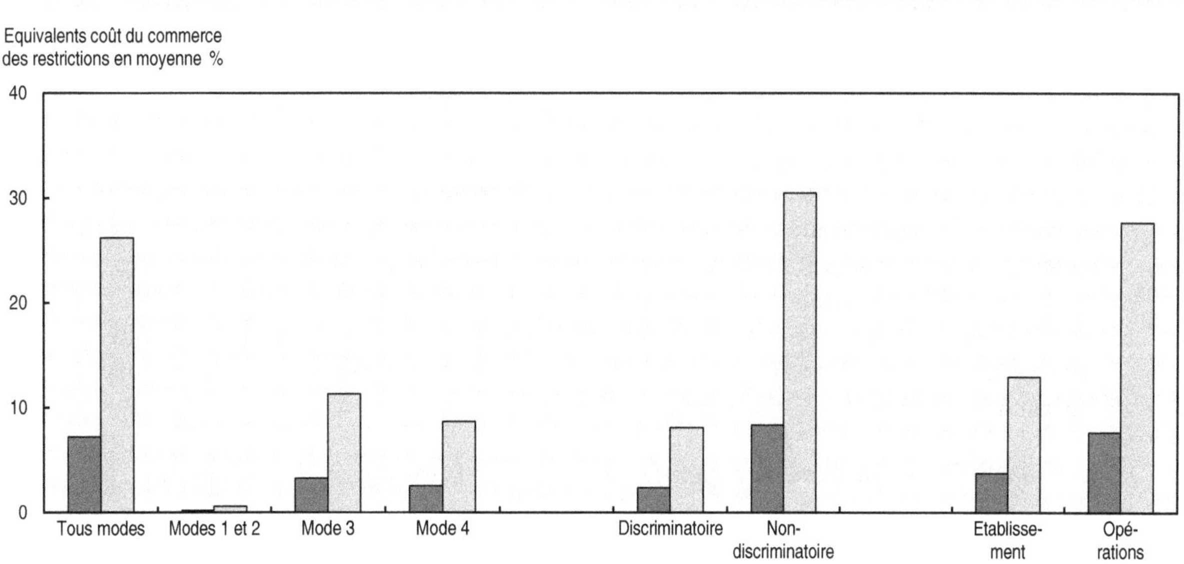

Note : Les services spécialisés correspondent à une élasticité-prix de la demande d'importations de -1.5, et les services standards à une élasticité de -5.

Source : Calculs de l'OCDE ; voir aussi Rouzet et al. (2017).

moins importants, eu égard à la décision d'établir une présence commerciale sur un marché étranger, que l'environnement général des affaires.

La présence commerciale à l'étranger semble aussi s'appuyer fortement sur le déplacement concomitant de personnes physiques du siège vers les filiales, comme le montre la part des obstacles au mode 4 dans le coût de la vente à l'étranger par le biais de filiales (graphique 3.3). Les obstacles au mode 4 expliquent aussi une grande proportion du coût des échanges pour la prestation transfrontière des services de messageries et de banque commerciale, alors même que leur contribution au score IRES est relativement faible dans la plupart des pays. Cela indique que de nombreuses entreprises implantées à l'étranger exportent, de fait, via une combinaison de différents modes et que les filiales obtiennent peut-être davantage de succès lorsque les services peuvent être échangés dans les deux sens avec leur siège. L'action publique devrait donc viser la libéralisation à la fois du commerce et de l'investissement afin de ne pas biaiser les décisions des exportateurs et de maximiser les avantages qui en résultent.

Les bienfaits de la libéralisation dépendent du modèle organisationnel prédominant dans le secteur

Les modèles opérationnels de création de valeur dans les services ne sont pas uniformes ni toujours organisés sous la forme d'une chaîne de valeur[7]. De fait, le modèle organisationnel le plus répandu est celui de l'« atelier de valeur », puisqu'il représente 50 % de l'emploi dans les grandes économies : la valeur est créée par des experts et des professionnels qui utilisent leurs compétences pour proposer à leurs clients une approche unique de résolution d'un problème. Un autre modèle est celui du « réseau de valeur », qui crée de la valeur en mettant en réseau des clients ayant des besoins différents, par exemple en matière de services bancaires ou d'assurances. Les réseaux d'infrastructures physiques et les plateformes virtuelles comme Uber ou Airbnb sont des réseaux de valeur.

Des politiques commerciales spécifiques n'influent pas nécessairement sur tous les modèles organisationnels. Les services fournis dans les chaînes de valeur sont souvent liés à des biens, ce qui les rend sensibles aux droits de douane et aux obstacles non tarifaires aux échanges de marchandises, aux procédures douanières ou à l'absence d'infrastructures efficientes dans les ports et les aéroports. En revanche, ce sont les obstacles au mouvement des personnes qui sont les plus gênants pour les ateliers de valeur, lesquels font en grande partie l'objet d'échanges via le mode 4 et reposent sur l'accès aux compétences et aux clients.

Les obstacles à la concurrence sont ceux qui entravent le plus les réseaux de valeur physiques ; il convient alors de remédier aux imperfections du marché à l'aide d'une réglementation encourageant la concurrence dans le pays. Quant aux réseaux virtuels, c'est souvent l'obligation d'avoir une présence commerciale dans le pays qui est la principale restriction. Celle-ci peut prendre la forme de restrictions aux flux de données, comme une exigence de localisation des données, qui restreint les échanges même quand elle est destinée à protéger les droits des consommateurs.

La coopération en matière de réglementation peut réduire le coût des échanges

Au-delà du coût encouru pour faire face à des politiques restrictives, le simple fait de devoir respecter, sur les marchés cibles, une réglementation sensiblement différente de celle du pays d'origine est aussi source de coût pour les exportateurs. L'hétérogénéité de la réglementation des services d'un pays à l'autre est considérable et semble en voie de régression seulement dans une minorité de secteurs. Pour des pays relativement libéralisés, avec un score IRES très faible, de 0.1, le degré moyen d'hétérogénéité réglementaire entre deux pays peut représenter un coût *ad valorem* des prestations transfrontières compris entre 20 % et 80 % en moyenne tous secteurs confondus (graphique 3.4). Dans des pays plus restrictifs, avec un score IRES de 0.25, cette hétérogénéité entraîne encore un coût des échanges compris entre 12 % et 45 %[8]. En d'autres termes, plus les pays ouvrent leurs marchés, plus les différences de réglementation deviennent coûteuses. Cet effet n'annule pas les avantages de la libéralisation, mais il peut les réduire légèrement. Ces résultats montrent que la coopération en matière de réglementation peut substantiellement stimuler les échanges de services et qu'elle est encore plus cruciale lorsqu'un secteur a déjà atteint un stade de libéralisation avancé.

Graphique 3.4. **Coût de l'hétérogénéité des réglementations pour les prestations de services transfrontières**

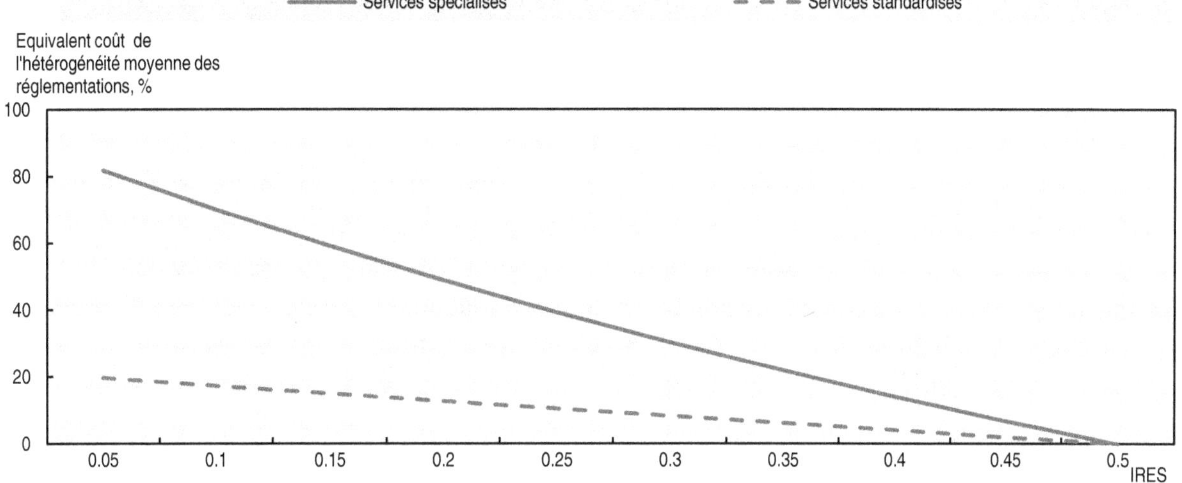

Note : Les services spécialisés correspondent à une élasticité-prix de la demande d'importations de -1.5, et les services standards à une élasticité de -5. L'hétérogénéité moyenne des réglementations sur les 44 pays de la base IRES est de 0.28. Les lignes de régression sont fondées sur un échantillon combiné de prestations transfrontières entre les pays figurant dans la base de données de l'IRES.
Source : Calculs OCDE ; voir aussi Nordås (2016).

Un environnement réglementaire prévisible favorise les échanges de services

Si l'hétérogénéité des réglementations est source de coûts pour les exportateurs, une autre source de coûts potentielle émane du caractère imprévisible du régime des échanges et du risque d'inversion des politiques appliquées. Les exportations comme l'implantation à l'étranger entraînent des coûts qui sont souvent irrécupérables au sens où, une fois encourus, ils ne peuvent plus être récupérés lorsque, par suite d'un changement de la réglementation, le marché étranger n'est plus intéressant. Les prestataires de services sont par conséquent plus enclins à s'engager dans des échanges lorsqu'ils ont une certaine garantie que le régime réglementaire ne deviendra pas plus restrictif à l'avenir. C'est là, précisément, le rôle que jouent les accords commerciaux couvrant les échanges de services. Ces accords incluent des engagements juridiques qui, dans certains cas, offrent un meilleur accès au marché pour les prestataires étrangers, mais qui sont précieux aussi lorsque, tout simplement, ils ont force de loi eu égard au régime existant, offrant ainsi un environnement réglementaire plus prévisible.

Cet impact positif des accords sur les échanges de services est étudié depuis longtemps dans la littérature sur le sujet, suite à l'entrée en vigueur de l'Accord général sur le commerce des services (AGCS) et le développement rapide des accords commerciaux régionaux couvrant les services. Cependant, c'est seulement l'élaboration des indices IRES, lesquels rendent compte de manière détaillée de toutes les mesures réglementaires influant sur le commerce des services, qui a permis de mesurer le pouvoir de contrainte des accords commerciaux à l'égard du régime existant. Les calculs de l'OCDE montrent qu'il existe une certaine hétérogénéité en la matière d'un pays et d'un secteur à l'autre (encadré 3.1).

Encadré 3.1. **Dans quelle mesure les accords commerciaux se reflètent-ils dans le régime des échanges de services en vigueur ?**

Les accords sur le commerce des services, comme l'AGCS, prévoient un accès au marché et des engagements de traitement national qui offrent aux exportateurs de services une certaine garantie quant au fait que le régime commercial auquel ils sont soumis ne deviendra pas plus restrictif que le niveau indiqué dans l'accord. La différence entre le degré de restrictivité consolidé dans un accord et le régime commercial effectivement appliqué dans un pays est appelée marge de consolidation. Plus cette marge est grande, moins le régime commercial est prévisible pour les exportateurs potentiels, puisque le pays peut arbitrairement relever ses barrières dans les limites de cette marge sans violation de ses engagements dans le cadre d'accords internationaux.

Le graphique 3.5 illustre l'hétérogénéité, entre secteurs, de l'ampleur de cette marge eu égard aux engagements dans le cadre de l'AGCS. Pour des secteurs comme les télécommunications, la distribution, l'informatique ou la construction, les exportateurs à l'échelle multilatérale bénéficient d'un environnement commercial prévisible, dans la mesure où les engagements en matière d'accès au marché et de traitement national sont très proches du régime appliqué. Pour d'autres secteurs, comme l'audiovisuel ou les transports, l'incertitude est plus grande. Les accords commerciaux régionaux éliminent une partie de cette incertitude en allant au-delà de l'AGCS au niveau bilatéral ou régional.

Graphique 3.5. **Marge moyenne de consolidation dans l'AGCS pour certains secteurs IRES**

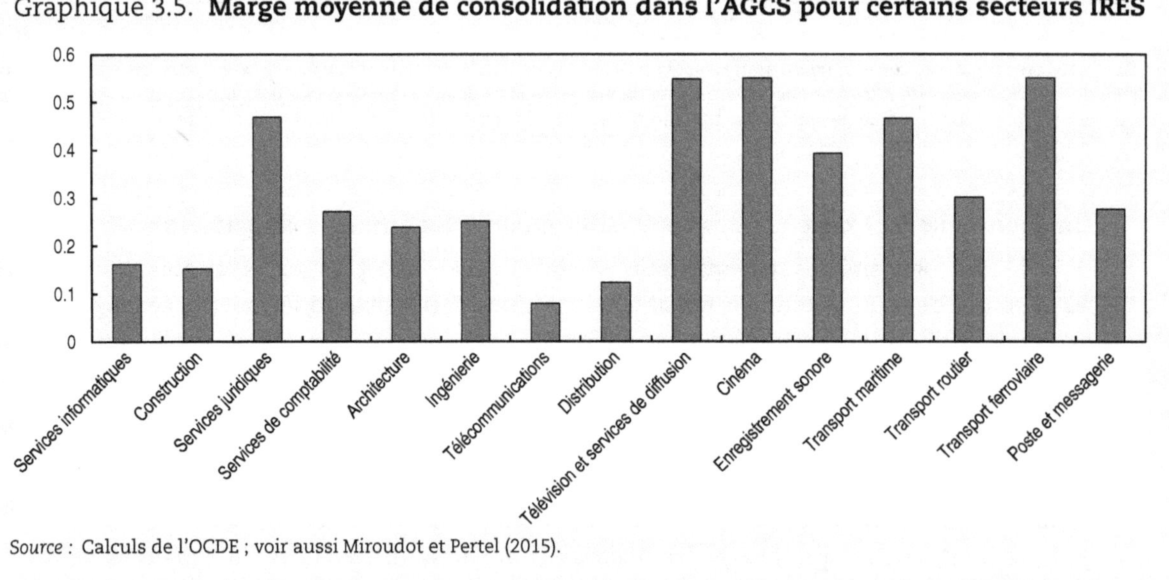

Source : Calculs de l'OCDE ; voir aussi Miroudot et Pertel (2015).

La conformité du régime existant avec les accords commerciaux a une incidence directe sur le volume des échanges bilatéraux, confirmant qu'un environnement réglementaire prévisible encourage le commerce. En combinant les données sur la marge de consolidation de l'AGCS (encadré 3.2) avec une analyse plus approfondie des engagements pris dans les accords commerciaux régionaux, on peut estimer la réaction implicite des échanges à une réduction de l'incertitude eu égard au régime commercial. Pour la plupart des secteurs de services inclus dans la base IRES, on constate des effets positifs et significatifs, qui sont souvent du même ordre de grandeur que ceux résultant d'une réduction effective du degré de restrictivité (à savoir, une baisse des indices IRES). Ces résultats laissent penser que, même lorsqu'ils n'éliminent pas effectivement les barrières commerciales, les accords sur les échanges de services jouent néanmoins un rôle positif en imposant des contraintes légales et en réduisant le degré d'incertitude pour les exportateurs de services.

Les petits pays souffrant davantage des obstacles aux échanges de services, ils peuvent avoir plus à gagner d'une libéralisation

Les spécificités nationales jouent un rôle dans l'origine des lois et règlements et dans la façon dont le cadre réglementaire influe sur les résultats économiques et sociaux. En raison des limitations des données et de la méthodologie, il n'est pas possible de déterminer avec certitude les différences précises, pour chaque pays, de coût d'une mesure donnée. Cependant, on observe généralement que l'effet des restrictions sur les échanges diminue avec la taille du marché. En d'autres termes, un élément donné de libéralisation réglementaire produit une plus forte augmentation des échanges de services dans les pays au PIB modeste que dans les pays où le PIB est élevé. Ce résultat est conforme à l'hypothèse selon laquelle un grand marché intérieur rend une économie moins dépendante du commerce international, ce qui se manifeste aussi par le fait que, dans les petites économies, le niveau des exportations et des importations est plus élevé en proportion du PIB.

Jusqu'à maintenant, tous les coûts des échanges ont été mesurés en termes *ad valorem*, représentant la majoration de prix qui est acquittée par les consommateurs dans le pays importateur. Cette analyse montre que les avantages de la libéralisation des échanges de services ne sont pas également répartis entre tous les pays et tous les secteurs. Par conséquent, une étude approfondie devrait être menée sur ce type de réforme afin de recueillir des informations sur les secteurs cibles et les obstacles réglementaires, dans le but de tirer un maximum de gains économiques d'un programme de réforme de la réglementation des services. Cependant, si l'efficacité économique d'une réforme est capitale pour sa réussite, la répartition de ses avantages dans l'économie ne l'est pas moins. Du fait que cette répartition est éminemment liée à la composition structurelle des obstacles commerciaux – ventilation entre coûts variables, coûts fixes et coûts irrécupérables –, elle nécessite une analyse qui va au-delà du calcul des équivalents coût *ad valorem* des échanges. La section suivante présente donc plus d'informations sur la décomposition du coût des échanges en différentes composantes structurelles et sur la manière dont les avantages d'une libéralisation des échanges de services se répartissent parmi les entreprises.

Vers une mondialisation des services plus inclusive ?

La section précédente a mis en lumière le coût global des restrictions réglementaires, mais il est à noter que ce coût n'est pas également ventilé entre exportateurs de services et investisseurs. Tandis que la communauté internationale s'efforce de concevoir des règles commerciales pour une mondialisation plus inclusive, une question clé est de déterminer quelles sont les entreprises perdantes avec les barrières commerciales existantes, et quelles entreprises auraient le plus à gagner d'une libéralisation plus poussée des échanges de services. Il apparaît que ce sont les PME et les nouveaux entrants qui sont les plus durement touchés par les obstacles réglementaires aux échanges de services, de sorte que des réformes de la réglementation contribueraient à diversifier les exportations et les opportunités de croissance pour certains des acteurs les plus dynamiques et créateurs d'emplois de l'économie des services.

La libéralisation des services incite des entreprises moins expérimentées à se lancer sur les marchés d'exportation

Les obstacles aux échanges de services non seulement freinent globalement le commerce des services, mais ils réduisent en outre les perspectives des exportateurs pionniers en favorisant les entreprises en place, plus expérimentées, au détriment d'entreprises qui tentent de s'implanter pour la première fois sur un nouveau marché. Chaque fois qu'un pays s'ouvre modérément aux échanges de services de sorte que son score IRES diminue de 0.1, la probabilité qu'une entreprise n'y ayant pas d'implantation commerciale commence à exporter vers ce pays augmente d'une marge comprise entre 2 et 12 points de pourcentage. Par contraste, la libéralisation n'accroît pas sensiblement la probabilité que les exportateurs en place resteront sur le marché.

Même lorsque les nouveaux entrants parviennent effectivement à s'implanter, les mêmes restrictions leur coûtent davantage qu'aux exportateurs réguliers. Par exemple, sur un marché relativement restrictif, ayant un score IRES de 0.4, les nouveaux exportateurs doivent supporter des coûts équivalents à un surcroît de 14 à 53 points de pourcentage *ad valorem* par rapport aux coûts réglementaires encourus par les exportateurs en place (graphique 3.6). Du fait que les nouvelles entreprises sont essentiellement actives dans l'économie des services et, par définition, se lancent sans expérience préalable de l'exportation, une libéralisation coordonnée des échanges de services pourrait devenir un outil de stimulation du dynamisme des jeunes pousses à l'échelle mondiale.

Graphique 3.6. **Coût supplémentaire des restrictions réglementaires pour les nouveaux exportateurs**

Montant estimé de l'équivalent tarifaire supplémentaire de l'indice IRES par rapport aux exportateurs expérimentés

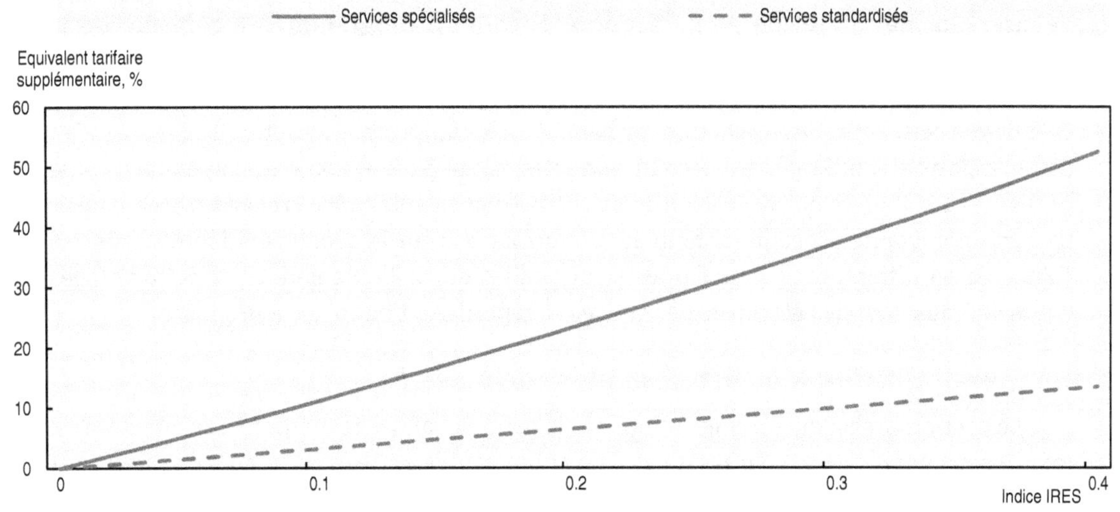

Note : Les nombres indiquent l'équivalent tarifaire *ad valorem* supplémentaire pour les entreprises sans expérience d'exportation, où l'expérience d'exportation est définie comme le fait d'avoir exporté le même service dans le même pays l'année précédente. Les services spécialisés correspondent à une élasticité-prix de la demande d'importations de -1.5, et les services standards à une élasticité de -5.

Source : Calculs de l'OCDE ; voir aussi Rouzet et al. (2017).

La pénalité subie par les nouveaux entrants reflète l'importance des barrières initiales dans la charge globale qu'impose une réglementation restrictive. On distingue les coûts d'entrée forfaitaires, les coûts fixes récurrents et les coûts *ad valorem* variables (encadré 3.2). Les données au niveau des entreprises laissent penser que, si les coûts variables induits par la réglementation sont loin d'être négligeables, une part substantielle des effets restrictifs de la réglementation est constituée par les coûts fixes et les coûts irrécupérables, qui sont encourus indépendamment du montant des services effectivement vendus sur un marché étranger. Il s'agit par exemple des frais engagés pour comprendre le cadre réglementaire en place, adapter les processus opérationnels aux exigences de la réglementation locale, ou encore accomplir les étapes administratives nécessaires à l'acquisition et au renouvellement d'une licence d'exploitation. Leur effet premier est de réduire le nombre d'entreprises estimant qu'il vaut la peine de faire des affaires sur un marché étranger. De fait, le nombre d'entreprises étrangères qui établissent des relations commerciales avec des partenaires dans un pays donné diminue lorsque ce pays impose des restrictions plus sévères dans le secteur.

Encadré 3.2. **Coûts d'entrée, coûts fixes et coûts variables**

Le coût des échanges, qu'il résulte de mesures actives ou de facteurs plus structurels tenant à l'histoire, à la géographie ou aux préférences, revêt différentes formes. Une première distinction est opérée entre coûts variables et coûts fixes : elle a des effets différents sur le degré auquel les restrictions influent sur la décision de s'implanter sur un marché (la marge extensive) et sur le volume des exportations conditionnant l'entrée (la marge intensive).

Les coûts fixes peuvent soit être encourus à chaque période, soit prendre la forme d'un paiement unique. Les coûts d'entrée ou coûts irrécupérables sont supportés par l'entreprise une seule fois, lorsqu'elle pénètre sur un marché étranger. C'est le cas par exemple lorsqu'elle doit se soumettre à des procédures de sélection des investissements étrangers ou de reconnaissance des qualifications professionnelles acquises à l'étranger par des ingénieurs, des comptables ou des juristes venant d'un autre pays. Ces coûts réduisent la probabilité qu'une entreprise qui n'a pas déjà vendu ses produits sur un marché donné décide de le faire, mais ils n'ont pas d'incidence sur la probabilité qu'une entreprise exportant régulièrement demeure sur ce marché ou sur les volumes effectivement vendus par des exportateurs actifs.

Un autre type de coût fixe des échanges est celui qui doit être acquitté de façon récurrente, indépendamment du volume d'activité mené dans le pays d'accueil. Par exemple, les lourdes procédures de renouvellement de licence permettant d'opérer sur un marché étranger, les exigences de localisation des données, ou encore l'examen des besoins économiques du marché pour le personnel clé sont susceptibles d'inclure une forte composante de coûts fixes. Un niveau élevé de coûts fixes décourage à la fois les nouveaux exportateurs et les exportateurs installés de faire du commerce dans le pays, mais n'influe pas sur les montants exportés une fois que l'entreprise a pris la décision de desservir un marché.

Une fois que l'entreprise a réglé tous les coûts fixes des échanges, le volume des exportations n'est déterminé que par les coûts variables ou *ad valorem*, en proportion de la valeur des services vendus. Les règles discriminatoires pesant sur les activités en cours des entreprises étrangères sur un marché, comme des taxes plus élevées sur le chiffre d'affaires ou les bénéfices réalisés par des prestataires étrangers ou une obligation d'approvisionnement local, sont souvent de cette nature. L'effet des coûts variables des échanges s'apparente de très près aux conséquences des barrières tarifaires : ils découragent l'entrée sur les marchés étrangers et réduisent en outre les volumes exportés par les entreprises qui décident néanmoins de s'implanter sur un marché étranger.

Ce sont les PME qui souffrent le plus des politiques commerciales restrictives

L'expansion internationale des petites entreprises passe souvent par une stratégie de niche ou par l'offre d'un ensemble de services personnalisés à un petit nombre de clients. La transition vers l'économie numérique laisse espérer que celle-ci va faire naître une multitude d'opportunités pour que les petites et moyennes entreprises s'internationalisent dans un monde sans frontières. Pourtant, les frontières sont encore bien présentes dans la réglementation des services ; qui plus est, lorsque le niveau élevé des coûts d'entrée et fixes signifie que le passage à une plus grande échelle et la réalisation rapide d'une masse critique sont les conditions préalables à la réussite, alors ce sont les PME qui sont les plus touchées par les restrictions. Les coûts fixes des échanges sont d'autant plus coûteux à absorber pour les entreprises qui exportent des volumes modestes que ces coûts ne peuvent pas être répartis sur un gros volume de ventes à l'étranger. Les entreprises plus grandes, qui disposent d'une certaine aisance financière et d'un réseau étendu de partenaires commerciaux, sont aussi mieux équipées pour assumer le coût de conformité qu'entraîne l'exportation vers des environnements réglementaires complexes, et elles peuvent avoir suffisamment de pouvoir de marché pour répercuter le coût de la réglementation sur les consommateurs. Au total, ce sont les petits exportateurs potentiels qui sont les premiers dissuadés de s'implanter sur des marchés restrictifs et, pour autant qu'ils parviennent à récupérer leurs coûts d'entrée, ils y réalisent un chiffre d'affaires moins élevé.

En d'autres termes, un niveau donné de restrictions réglementaires représente des coûts d'échanges plus élevés pour les petites entreprises. Par exemple, un niveau moyen de restrictivité des échanges de services, correspondant à un score de 0.2 sur l'IRES, pèse aussi lourd qu'un droit de douane supplémentaire de 14 points de pourcentage sur les exportations des petites entreprises, par comparaison avec des entreprises dont le chiffre d'affaires est égal ou supérieur à 400 millions d'EUR (graphique 3.7a). Dans un environnement plus restrictif, avec un score IRES de 0.3, le poids supplémentaire pour les petites entreprises est encore alourdi : il équivaut à un droit de douane supplémentaire de plus de 20 points de pourcentage pour les plus petites entreprises, qui fournissent des services sur mesure.

Monter et exploiter une filiale à l'étranger entraîne davantage de coûts irrécupérables et fixes, d'ordre réglementaire ou autres, que des transactions de pleine concurrence : acquérir ou louer des biens immobiliers, investir du capital dans la nouvelle société, obtenir les autorisations et licences nécessaires, recruter des employés sur place et faire venir du siège du personnel très qualifié sont autant d'étapes qui impliquent des procédures et des dépenses avant qu'un service soit effectivement fourni sur le marché de destination. Il n'est donc pas surprenant que les restrictions réglementaires constituent un obstacle pénalisant encore plus les investissements étrangers que les prestations de services transfrontières pour les entreprises qui ne peuvent pas bénéficier d'économies d'échelle. Par exemple, pour une entreprise de taille intermédiaire qui fait 5 millions d'EUR de chiffre d'affaires en vendant des services spécialisés au travers de ses filiales étrangères, la charge supplémentaire que représente un score IRES de 0.2 est estimée à l'équivalent d'un droit de douane supplémentaire de 19 % par comparaison avec une grande entreprise, alors que le droit de douane supplémentaire équivalent est de 9 % sur les prestations transfrontalières des mêmes services (graphique 3.7b).

De la même manière, les différences d'approches réglementaires concernant la même politique sont plus dissuasives pour les PME. En effet, les petits exportateurs n'opèrent pas

Graphique 3.7. **Coût supplémentaire des restrictions réglementaires pour les PME**

Estimation du droit de douane supplémentaire équivalent à un score IRES de 0.2 par comparaison avec les grandes entreprises (au moins 400 millions d'EUR de chiffres d'affaires)

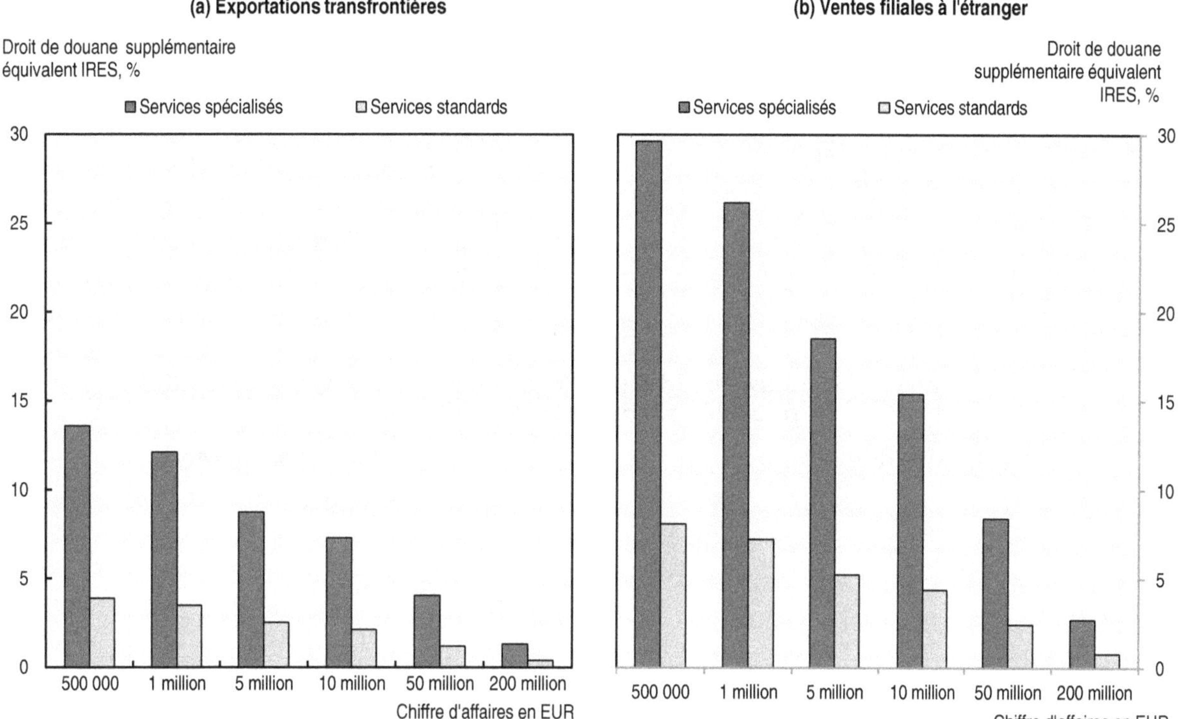

Note : Les nombres indiquent l'équivalent tarifaire *ad valorem* d'un score IRES de 0.2 qui est payé par les PME en sus de ce que supportent les entreprises réalisant au moins 400 millions d'EUR de chiffre d'affaires. Les services spécialisés correspondent à une élasticité-prix de la demande d'importations de -1.5, et les services standards à une élasticité de -5.
Source : Calculs de l'OCDE ; voir aussi Rouzet et al. (2017).

à l'échelle où il devient peut-être rentable d'investir en amont pour se familiariser avec un nouvel ensemble de règles. Bien souvent, les PME sont dépourvues aussi des capacités juridiques et administratives pour collecter des renseignements sur les exigences réglementaires en vigueur sur de nouveaux marchés, adapter leurs processus et documenter leur conformité, lorsque ces obligations sont très différentes de celles de leur marché d'origine.

Les entreprises ayant de multiples liens avec le marché d'accueil sont mieux à même de surmonter les obstacles réglementaires

Quels autres facteurs, outre la taille et l'expérience, renforcent l'immunité des entreprises face aux effets de politiques restrictives sur leurs marchés cibles ? Certaines entreprises ne visent pas seulement à développer leur base de clientèle à l'étranger, mais semblent avoir des raisons impérieuses de vendre leurs services dans un pays précis plutôt que de rechercher des conditions plus favorables sur d'autres marchés ; ces entreprises sont moins sensibles aux politiques relatives aux échanges de services auxquelles elles sont confrontées. Deux de ces raisons se dégagent clairement : fournir des services au siège étranger de l'exportateur ou en tant que complément à l'activité locale de sa société mère, et apporter une valeur ajoutée aux exportations de produits manufacturés en fournissant des services.

Premièrement, les entreprises qui sont des filiales d'un groupe étranger jouissent d'un avantage particulier face à une réglementation restrictive dans le pays de leur société mère. Lorsqu'un pays a un score IRES de 0.4, l'équivalent *ad valorem* du coût des restrictions aux échanges de services est inférieur de 4 à 14 points de pourcentage pour les entreprises qui sont des filiales d'une société sise dans ce pays par rapport aux entreprises qui n'ont pas de lien de propriété avec le marché cible (graphique 3.8a). Il semble donc que les filiales d'entreprises étrangères bénéficient des connaissances de leur société mère pour s'orienter dans le dédale des exigences complexes du pays du siège. De plus, les exportations à destination du pays d'origine incluent des services fournis à la société mère. Il est probable que les transactions intragroupes répondent à une division du travail bien établie au sein du groupe et sont moins sensibles aux obstacles réglementaires que les transactions de pleine concurrence.

Graphique 3.8. **Avantage estimé sur l'équivalent tarifaire du score IRES pour des entreprises spécifiques**

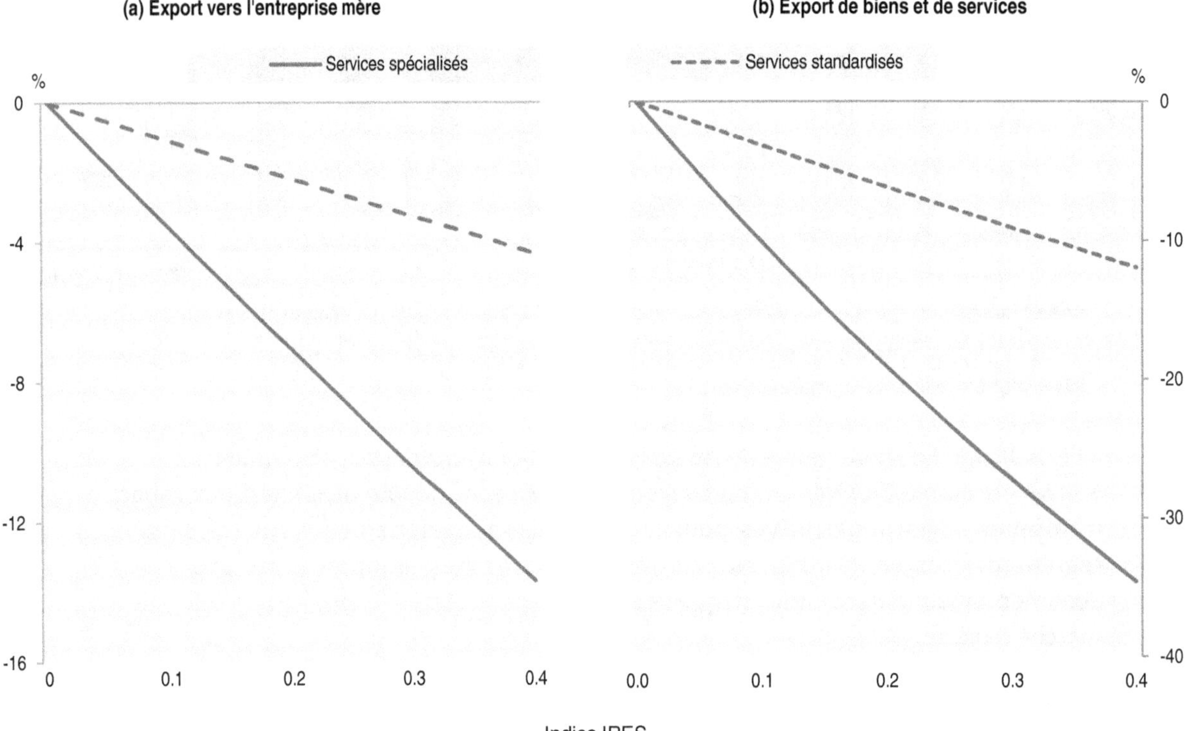

Note : Les nombres indiquent la réduction de l'équivalent tarifaire *ad valorem* du score IRES dont bénéficient les entreprises dont le siège ou les propriétaires ultimes sont sis dans les marchés de destination, par comparaison avec les entreprises n'ayant aucun lien de propriété dans le pays (à gauche) ; et celle dont bénéficient les entreprises qui exportent aussi des biens dans le même pays, par comparaison avec de purs exportateurs de services (à droite). Les services spécialisés correspondent à une élasticité-prix de la demande d'importations de -1.5, et les services standards à une élasticité de -5.
Source : Calculs de l'OCDE ; voir Rouzet et al. (2017).

Deuxièmement, les services exportés conjointement avec des biens sont moins sensibles aux politiques en vigueur sur le marché de destination. Les entreprises qui exportent à la fois des biens et des services vers le même pays ont tendance à être présentes sur des marchés étrangers plus restrictifs que les entreprises qui vendent seulement des services. En d'autres termes, les exportateurs de biens ont l'impression qu'un régime réglementaire restrictif est moins coûteux pour leurs services connexes que les exportateurs de services uniquement. Pour un score IRES de 0.4, relativement élevé, l'équivalent tarifaire *ad valorem* de cet avantage peut atteindre 35 points de pourcentage pour des services personnalisés (graphique 3.8b). La raison en est probablement que, lorsqu'ils fournissent conjointement des services, les exportateurs de biens apportent une valeur ajoutée à leurs exportations de produits manufacturés, un phénomène souvent dénommé vente liée de biens et de services (encadré 3.3). Lorsque, pour une entreprise, la raison première d'exporter des services est la demande d'exportation de ses biens physiques, elle peut considérer le respect d'une coûteuse réglementation des échanges de services comme un moyen nécessaire pour réaliser les bénéfices à tirer des ventes de produits manufacturés, plutôt que comme un facteur prohibitif.

Encadré 3.3. **Comment les entreprises manufacturières participent-elles au commerce des services ?**

Sous l'effet de l'évolution des modèles opérationnels des entreprises et de leurs modes de création de valeur, la distinction entre échanges de biens et de services s'estompe de plus en plus. Les entreprises manufacturières importent et exportent toute une gamme de services. Les échanges de services peuvent être suscités par des activités manufacturières de différentes façons.

Importations de services en tant que facteurs de production dans le cadre de transactions aux conditions du marché. Nombre de services fournis par des prestataires extérieurs sont des facteurs de production essentiels dans les chaînes de valeur locales et mondiales. Ils permettent aux entreprises de gérer leurs opérations de façon intégrée sur l'ensemble de leurs usines et stades de production (transports, logistique, communications, financement, fonctions administratives externalisées, par exemple), ils ajoutent de la valeur aux produits et améliorent les processus (essais techniques, ingénierie, conception lorsqu'elle est menée à l'extérieur, par exemple). D'après la base de données des échanges en valeur ajoutée (ÉVA), ces services représentent environ un tiers de la valeur ajoutée dans les exportations mondiales de biens manufacturés, dont 40 % sont des services importés directement ou indirectement par les entreprises manufacturières (OCDE-OMC, 2017).

Services fournis en tant que facteurs de production au sein d'un groupe. Certains services clés sont fournis en interne, soit par le siège aux filiales, soit au siège par les filiales locales et étrangères. Il s'agit par exemple de centres de R-D, d'équipes de marketing et de vente, de conseil juridique, d'audit interne ou de ressources humaines. Ainsi, plus de 80 % des importations américaines de R-D, de conseil en gestion et de services informatiques sont acquis au sein du groupe de l'importateur, tandis que les services de télécommunications et d'ingénierie acquis en tant que facteurs de production viennent souvent de l'extérieur du groupe (graphique 3.9).

Services vendus conjointement avec des biens. De plus en plus, les entreprises proposent à leurs clients des solutions intégrées comprenant la vente liée de biens et de services complémentaires. Les constructeurs automobiles peuvent exploiter des concessions de vente eux-mêmes et fournir des services de crédit et de location-bail à leurs clients; les fabricants de bien de haute technologie vendent des logiciels intégrés et des services de personnalisation des fonctionnalités, de réparation après-vente et de maintenance qui sont liés aux produits physiques. En Finlande, où le matériel de haute technologie et l'électronique dominent les exportations industrielles, le secteur manufacturier a réalisé, entre 2008 et 2014, plus des quatre cinquièmes de son chiffre d'affaires total à l'exportation dans les services informatiques et un quart dans les services d'architecture et d'ingénierie. En Belgique, plus de la moitié des exportations de services d'architecture, d'ingénierie et de télécommunications se sont accompagnées, en 2014, de ventes de biens par la même entreprise dans le même pays, de même qu'un quart des services informatiques vendus à l'étranger (graphique 3.10).

Encadré 3.3. Comment les entreprises manufacturières participent-elles au commerce des services ? (suite)

Graphique 3.9. Importations de services aux États-Unis en fonction de l'affiliation, 2015

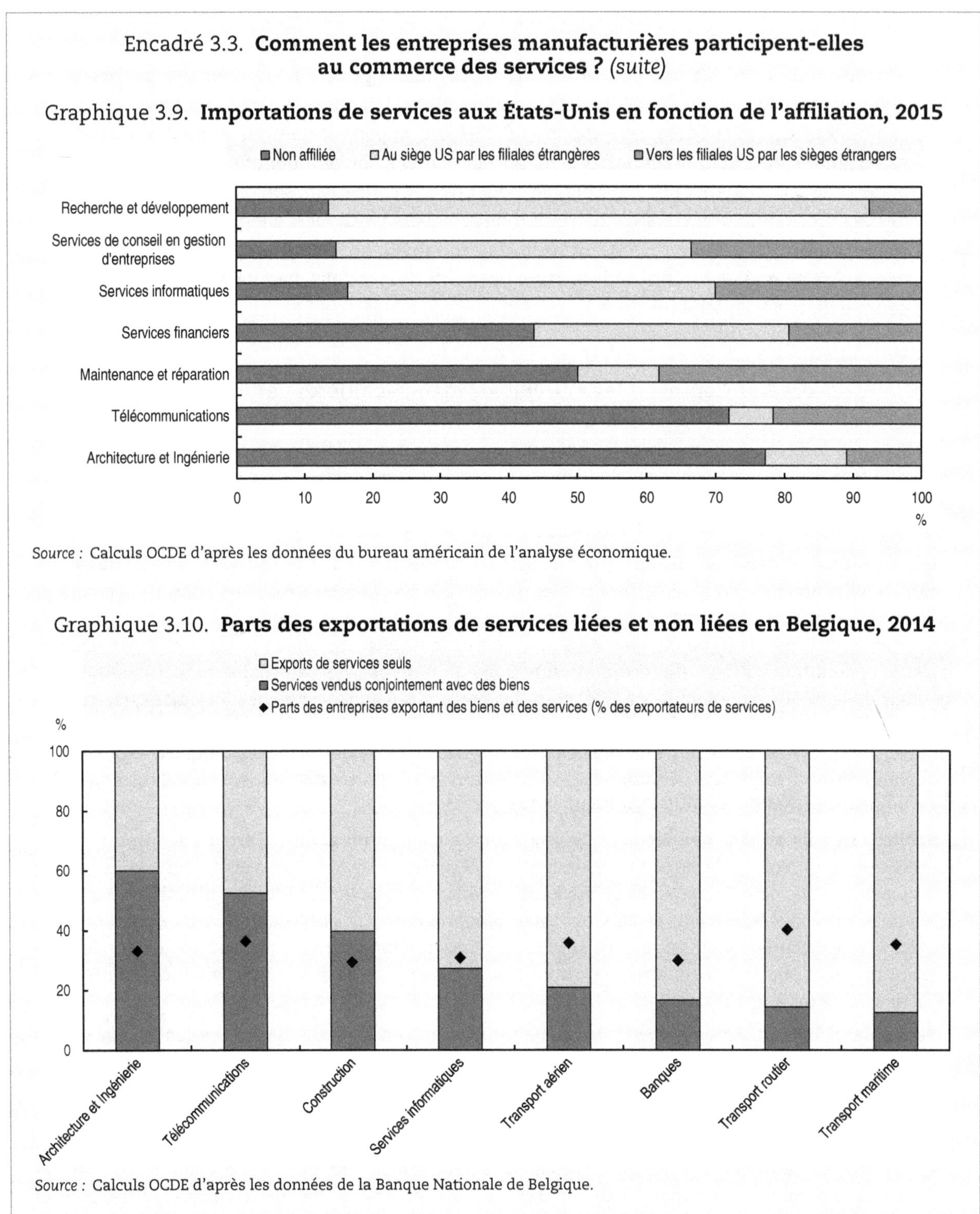

Source : Calculs OCDE d'après les données du bureau américain de l'analyse économique.

Graphique 3.10. Parts des exportations de services liées et non liées en Belgique, 2014

Source : Calculs OCDE d'après les données de la Banque Nationale de Belgique.

Libéralisation des services

Les données présentées dans les sections précédentes font clairement apparaître que les obstacles aux échanges et à l'investissement pèsent sur la décision d'une entreprise étrangère de s'implanter sur un nouveau marché via la prestation transfrontalière de services ou la création d'une filiale. Au-delà des échanges eux-mêmes, une réglementation inadaptée en matière d'entrée sur le marché, les règles de la concurrence ou les procédures administratives imposent un lourd fardeau aux sociétés de services et à leurs clients, freinant ainsi le dynamisme commercial et la compétitivité.

Consommateurs et entreprises paient le prix des restrictions aux échanges

Outre les restrictions qui visent spécifiquement les entreprises étrangères, il est évident qu'il faut se pencher aussi sur le rôle de la réglementation nationale eu égard aux obstacles à la concurrence et au manque de transparence réglementaire. Lorsque les pressions concurrentielles sont faibles, les entreprises installées sur le marché ont tendance à consolider et élargir leur pouvoir de marché, réduisant les chances pour de nouveaux entrants d'introduire des innovations perturbatrices. Une réglementation intérieure restrictive crée un environnement qui décourage les nouveaux entrants, qu'il s'agisse d'entreprises locales potentielles ou de concurrents étrangers. Pour cette raison, l'analyse de la restrictivité des échanges couvre aussi le coût d'une politique de faible concurrence.

Le coût final d'un environnement qui évite la concurrence portée par de nouveaux entrants, qu'ils soient locaux ou étrangers, est supporté, en fin de compte, par les consommateurs et par les clients des entreprises en aval, qui paient des prix plus élevés et ont moins de choix que si les marchés étaient plus concurrentiels. La majoration de prix qui en résulte pour les usagers des services dans le pays peut être chiffrée comme s'il s'agissait d'une taxe sur les ventes – un équivalent de taxe sur leurs achats[9]. En moyenne, sur 42 pays, les estimations de cet équivalent-taxe sont comprises entre environ 3 % pour le transport routier de marchandises et près de 40 % pour les services de radio et télédiffusion, avec des variations considérables d'un pays à l'autre dans tous les secteurs (graphique 3.11, partie A). Sur certains segments des transports et de la logistique, ainsi que dans la construction, une réglementation restrictive relève le prix des services d'environ 20 % en moyenne, voire de près de 80 % dans certains pays, imposant donc de lourds coûts supplémentaires sur les entreprises manufacturières et, en fin de compte, sur le consommateur final.

Les insuffisances du droit de la concurrence, ou des efforts déployés pour le faire respecter, ainsi que l'opacité de la réglementation (et la longueur ou le coût des procédures douanières), pourraient être les principaux facteurs expliquant le coût élevé des services de télécommunications, de transport et de logistique : dans ces secteurs, de tels obstacles renchérissent les services des entreprises d'une marge comprise entre 10 et 20 % par rapport à des marchés plus concurrentiels (graphique 3.11, partie B).

Si la réglementation intérieure s'applique de la même façon aux entreprises nationales et étrangères sur un marché donné, elle est donc tout aussi pertinente que les mesures discriminatoires visées par les négociations sur le commerce et l'investissement, puisqu'elle contribue, en fin de compte, à renchérir l'ensemble des services vendus sur le marché. Il s'ensuit que de substantiels gains de concurrence pourraient être tirés d'une libéralisation des échanges et de l'investissement, comme de réformes ciblant les inefficiences de la réglementation intérieure des marchés de services.

De plus, les données examinées dans la section précédente montrent que les restrictions aux échanges de services donnent lieu à de lourds coûts d'entrée, ce qui favorise les entreprises en place, expérimentées, au détriment des exportateurs qui

Graphique 3.11. **Estimation de l'équivalent taxe des restrictions aux échanges de services (moyenne), par secteur**

Panel A. Dispersion over 42 countries of the tax-equivalent estimates

%
90
80
70
60
50
40
30
20
10
0

Télévision et services de diffusion
Construction
Transport maritime
Services logistiques de stockage et l'entreposage
Transport aérien
Services de comptabilité
Assurance
Services juridiques
Cinéma
Télécommunications
Poste et messagerie
Distribution
Services logistiques de manutention de marchandises
Transport routier

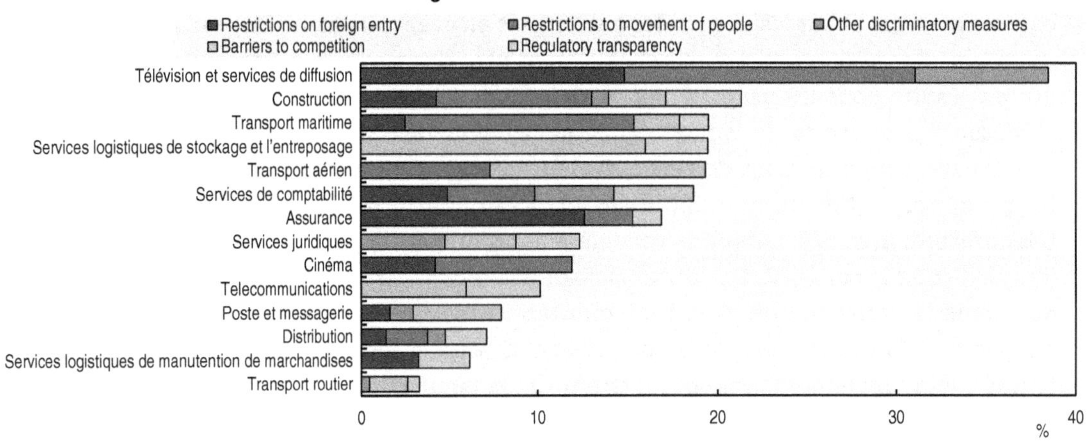

Note : Ces estimations sont des moyennes arithmétiques des équivalents taxes observés dans 42 pays. Les restrictions à l'entrée des entreprises étrangères sur le marché et au déplacement des personnes ainsi que d'autres mesures discriminatoires reflètent surtout des politiques discriminatoires, tandis que les obstacles à la concurrence et le manque de transparence réglementaire sont plutôt associés à la réglementation intérieure.

Source : Calculs de l'OCDE à partir des bases de données BvD Orbis et IRES ; voir aussi Rouzet et Spinelli (2016).

cherchent à s'implanter sur un nouveau marché. Par conséquent, une ouverture plus poussée du commerce des services non seulement produirait des gains globaux découlant de l'intensification de la concurrence, mais encouragerait aussi l'entrée de jeunes et petites entreprises qui ne peuvent se lancer dans l'exportation que lorsque les conditions de marché sont plus favorables, le résultat étant une économie plus dynamique et diversifiée.

Des services intermédiaires efficients favorisent les entreprises manufacturières face à leurs concurrentes

Les services qui sont des facteurs de production intermédiaires constituent des maillons essentiels dans les chaînes de valeur, de l'élaboration des produits jusqu'à leur production, leur commercialisation et leur vente. En effet, ces services permettent de transporter les pièces et les composants jusqu'à la chaîne de montage et les produits finis jusqu'aux consommateurs ; ils sont présents dans la conception, l'ingénierie et l'innovation ; ils servent à suivre l'évolution de la demande et des goûts des consommateurs, et à transmettre ces informations aux concepteurs de produits ; ils offrent financements et assurances ; et ils permettent de se conformer aux lois et règlements en vigueur sur tous les marchés où le produit est vendu. Selon leur position dans la chaîne de valeur, les services intermédiaires réduisent les coûts, améliorent la qualité ou mettent en relation fournisseurs et clients dans le monde entier. Lorsque la réglementation du marché des services ne correspond pas aux bonnes pratiques, le surcoût décrit ci-dessus pénalise les fabricants qui tentent de décrocher des parts de marché à l'étranger face à leurs concurrents, parce qu'ils sont moins compétitifs sur les prix et la qualité, exportent de moins gros volumes et sont moins diversifiés en termes de marchés et de produits.

Une base de prestataires de services riche et efficace au regard des coûts est un facteur d'avantage comparatif dans les secteurs qui sont des usagers intensifs de services intermédiaires – souvent des secteurs manufacturiers haut de gamme. Si l'on tient compte des fonctions de services internes ainsi que des services extérieurs utilisés par les entreprises manufacturières, la contribution totale des activités de services à la valeur des exportations de produits manufacturés est comprise, selon les pays, entre 40 % et 60 % (graphique 3.12). Si les services externalisés à l'étranger sont les plus entravés par les restrictions aux échanges, le coût et la qualité des services fournis en interne ou achetés sur le marché intérieur subissent eux aussi les effets des conditions en vigueur en matière de concurrence.

Graphique 3.12. **Valeur ajoutée des services internes, sous-traités et externalisés à l'étranger dans les exportations de produits manufacturés, 2011**

En % des exportations brutes

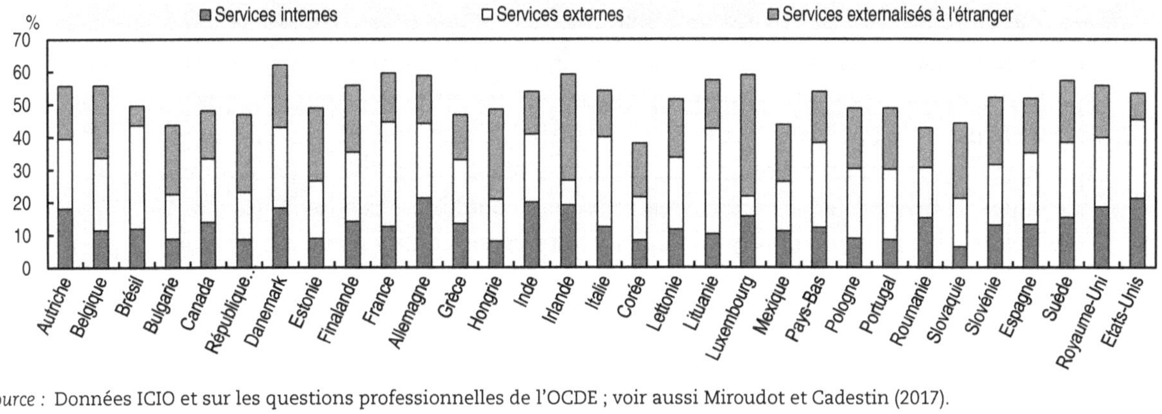

Source : Données ICIO et sur les questions professionnelles de l'OCDE ; voir aussi Miroudot et Cadestin (2017).

Le transport de marchandises sous-tend directement les échanges mondiaux de composants et de produits finis. Il n'est donc guère surprenant que les pays qui appliquent des restrictions plus fortes aux services de transport aérien, maritime ou routier ainsi qu'aux services de messagerie soient de moins bons exportateurs de biens manufacturés, en particulier des produits qui sont sensibles au facteur temps et pour lesquels une livraison rapide et fiable peut être décisive dans la conclusion d'une vente. Des conditions de transport restrictives sur le marché intérieur non seulement se traduisent par de plus faibles volumes d'exportation, mais elles limitent aussi la capacité des industries manufacturières à atteindre un grand nombre de marchés étrangers et à offrir un éventail de produits diversifiés. Le graphique 3.13 montre que ce sont les restrictions au fret routier (par rapport aux autres modes de transport) qui freinent le plus fortement les exportations de diverses industries clés (automobile, matériel électrique et chimie) (graphique 3.13).

Graphique 3.13. **Incidence estimée d'une division par deux de la distance par rapport aux meilleures pratiques de l'IRES sur les exportations de produits manufacturés, par secteur, pour une moyenne de 44 pays, 2014**

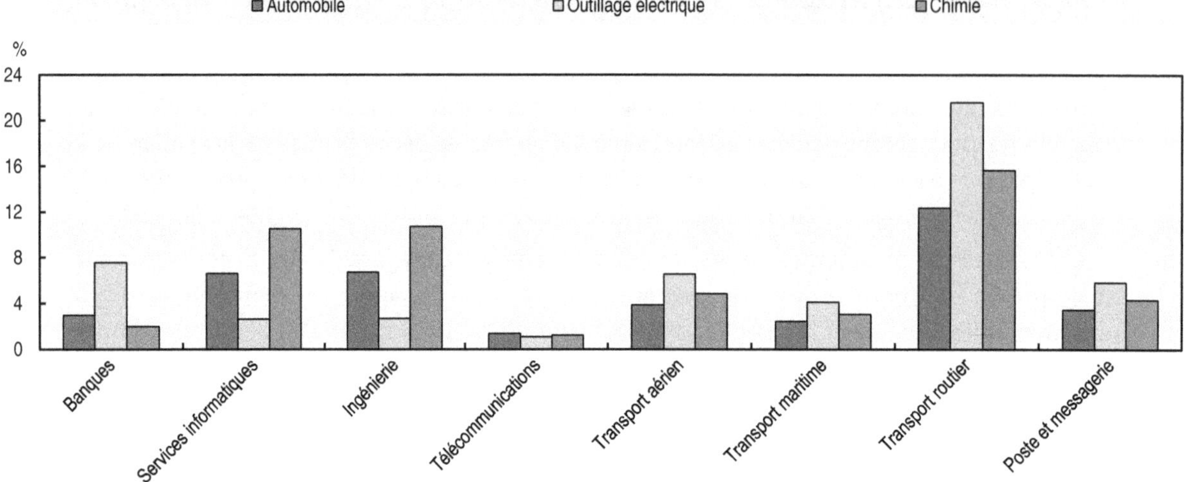

Note : La méthodologie est fondée sur Arbache et al. (2016). Les meilleures pratiques de l'IRES désignent le pays présentant le score le plus faible de l'échantillon pour ce secteur.
Source : Calculs de l'OCDE à partir de la base de données BACI du CEPII, données de 2014.

De même, l'accès au crédit à des conditions concurrentielles est une condition préalable pour que les entreprises puissent soutenir la concurrence sur les marchés internationaux. Des marchés ouverts encouragent un large accès aux financements bancaires ainsi qu'une compression des marges sur les taux d'intérêt, ce qui aide les entreprises à trouver des ressources pour financer l'innovation, leur fonds de roulement et leurs activités commerciales. Lorsque l'environnement réglementaire est propice aux échanges et à l'IDE dans la banque commerciale, les exportateurs de produits manufacturés qui font appel à des financements externes obtiennent de meilleurs résultats, parce qu'ils s'implantent sur davantage de marchés et élaborent plus de produits pour leurs clients étrangers. Ainsi, une réforme de l'environnement réglementaire de la banque commerciale qui viserait à diviser par deux la distance par rapport au marché le plus libéral pourrait, en moyenne, faire gagner près de 8 % aux exportations d'outillage électrique et environ 3 % aux exportations automobiles (graphique 3.13). Les facteurs de production intermédiaires, dans des chaînes d'approvisionnement mondiales fragmentées, sont plus sensibles aux conditions financières que ne le sont les produits de consommation finale ; en outre, les exportations d'industries à rotation rapide comme la mode, ou vers des pays présentant des risques commerciaux et politiques plus élevés, dépendent elles aussi, de façon critique, de marchés du crédit efficaces et développés dans leur pays d'origine.

Les services à forte intensité de connaissances, comme les logiciels, les services de communication et la R-D ajoutent de la valeur aux produits et procédés. La transmission rapide d'informations entre les sites de production, des systèmes efficients de suivi des marchés en vue d'ajuster l'offre en continu aux goûts des clients, la conception et la fabrication assistées par ordinateur, et la création de produits innovants sont autant de déterminants critiques de la compétitivité sur les produits de haute technologie. Les secteurs innovants réussissent moins bien sur les marchés d'exportation lorsque l'environnement réglementaire freine la concurrence sur le marché intérieur dans les services informatiques, les télécommunications et l'ingénierie. Dans de telles conditions, les industries à forte intensité de R-D, comme la chimie ou le matériel de transport, ont tendance à exporter de plus faibles volumes, et leurs ventes sont peu densément réparties sur les marchés, avec un éventail de produits plus homogène.

Les politiques commerciales concernant les services influent sur la performance à l'exportation des produits manufacturés principalement parce que les services contribuent à réduire les coûts de production et de transaction. Ainsi, une réglementation conforme aux bonnes pratiques, favorisant un marché ouvert et efficient en matière de transports, d'informatique et de finances, est associée à des prix à l'exportation plus compétitifs dans les secteurs en aval, en particulier pour ce qui est des biens de consommation finale. À l'inverse, lorsque les services essentiels ne sont pas disponibles au meilleur prix à cause de la réglementation, le coût plus élevé des intrants et la moindre efficience des procédés de production ont tendance à se répercuter sur les prix à l'exportation, moins compétitifs, ce qui limite l'aptitude des entreprises à s'implanter sur les marchés étrangers.

Un secteur des télécommunications compétitif, et surtout l'internet à haut débit, jouent un rôle particulièrement décisif en faveur des améliorations de la qualité et de la différenciation verticale. Une réglementation fondée sur les meilleures pratiques dans ce secteur est associée à une valeur unitaire plus élevée pour les exportations de produits manufacturés, ce qui laisse penser que ces services ajoutent de la valeur et contribuent à orienter les exportations vers le haut de gamme. Cela s'explique par l'effet positif d'une réglementation favorisant la concurrence sur le déploiement des services internet à haut débit, qui offrent aux entreprises des outils en temps réel pour suivre les préférences des consommateurs, en évolution constante, et pour y répondre, mais aussi pour accéder à l'information et à l'innovation. En outre, les services internet ouvrent de nouvelles possibilités de gains grâce à la vente liée de biens et de services, y compris des services après-vente, à la création de communautés de clients sur les réseaux sociaux, etc.

Encadré 3.4. **Brésil et Inde : comment les services sont sortis d'une impasse pour devenir la planche de salut des industries manufacturières**

L'Inde et le Brésil sont deux économies de marché émergentes qui ont fait de la promotion d'une solide base manufacturière l'une de leurs politiques majeures, comme en témoignent les initiatives récentes que sont *Make in India*et *Plano Brasil Maior*. Une analyse détaillée de l'expérience de ces économies montre bien comment l'amélioration de la qualité des services, notamment par le biais d'une réglementation adéquate, peut jouer un rôle décisif dans l'émergence d'industries haut de gamme. L'accent est mis en particulier sur la connectivité physique et virtuelle, sur laquelle reposent les chaînes d'approvisionnement des produits manufacturés.

Le Brésil bénéficie d'un solide avantage comparatif dans le secteur des ressources naturelles, et ses exportations s'appuient largement sur la compétitivité des produits de base. L'activité manufacturière du Brésil doit relever le défi de la diversification et de la montée en gamme de la base d'exportations. Moins de 0.5 % des entreprises du secteur formel vendent à l'étranger ; les dix premiers produits représentent 45 % du total des exportations de biens ; et la part des exportations de haute technologie diminue au fil du temps. La diversification des exportations serait fortement favorisée par une amélioration des services qui concourent à la réduction du coût de la production et des échanges, et des services qui sont actuellement sous-performants, notamment les finances, les transports et la logistique. Les grands produits d'exportation du Brésil, comme les denrées alimentaires ou la sidérurgie, font relativement peu appel au crédit extérieur, alors que les secteurs dont

Encadré 3.4. **Brésil et Inde : comment les services sont sortis d'une impasse pour devenir la planche de salut des industries manufacturières** *(suite)*

le développement est défini comme prioritaire (automobile, semiconducteurs et matériel médical) nécessitent, pour leur expansion, une intermédiation du crédit qui soit efficace. Certains biens, notamment les produits alimentaires et pétroliers, tirent leur compétitivité internationale de la richesse du Brésil en ressources naturelles, malgré le coût élevé du transport, mais l'amélioration de l'infrastructure des chaînes d'approvisionnement pourrait être une condition nécessaire à une expansion durable des secteurs de la chimie et des pièces automobiles. Le Brésil serait alors en bonne position pour tirer parti des bonnes performances de son ingénierie en vue de développer plus avant ses industries innovantes.

Par contraste avec le Brésil, les exportations des secteurs prioritaires de l'Inde (automobile et pièces, chimie, outillage électrique, produits pharmaceutiques et confection) manifestent déjà un degré élevé de diversification (produits et marchés), mais les volumes ne sont pas grands et le passage à une échelle supérieure n'est pas facile. En outre, les fabricants indiens perçoivent des prix à l'exportation qui sont inférieurs de 6 à 15 % à la moyenne pour ces produits, ce qui indique qu'ils restent confinés dans le bas de gamme sur le marché mondial. Les analyses montrent que le manque de connexions internet à haut débit constitue un obstacle majeur pour surmonter les contraintes de compétitivité sur la qualité et faire passer les exportations existantes à une échelle supérieure, surtout pour les exportations vers des économies à haut revenu comme les États-Unis et l'Union européenne, qui sont les premiers clients de l'Inde. Si les consommateurs et les entreprises bénéficient, en Inde, d'un marché dynamique et compétitif pour les télécommunications mobiles, le pays accuse un important retard par rapport à la moyenne mondiale en termes de pénétration de l'internet à large bande et de l'accès à des serveurs sécurisés. Des réformes réglementaires encourageant la concurrence et visant à améliorer les services fixes à haut débit pourraient aider considérablement les entreprises industrielles indiennes à élargir leur rayon d'action.

Source : Arbache et al. (2016) ; Benz et al. (2017).

Des systèmes réglementaires bien conçus rendent les marchés plus attrayants pour l'investissement direct étranger

Outre que les obstacles aux échanges de services et à l'investissement ont un coût en termes de bien-être pour les consommateurs et les entreprises, ils amoindrissent en outre l'attrait d'un marché pour l'investissement direct étranger. Non seulement un environnement réglementaire restrictif est moins intéressant pour les entreprises multinationales (EMN), mais même les multinationales étrangères qui sont à même d'absorber des coûts d'entrée plus élevés et de réussir à ouvrir une filiale sur un marché plus restrictif doivent supporter des coûts opérationnels d'un montant disproportionné, ce qui entrave leur contribution à la diffusion des connaissances et à la création de valeur dans le pays d'accueil.

Les entreprises qui s'établissent à l'étranger sont parfois soumises à des règles purement discriminatoires, comme des exigences de nationalité pour les administrateurs et les dirigeants, des restrictions au recrutement de personnel étranger hautement qualifié, l'interdiction d'embaucher des professionnels ayant une licence locale, un accès limité aux marchés publics, etc. Tous ces facteurs accroissent leurs dépenses d'exploitation. Les EMN supportent aussi des coûts de mise en conformité plus élevés lorsqu'elles sont confrontées à un nouveau cadre réglementaire, mal connu et souvent différent ,chaque fois qu'elles s'implantent sur un nouveau marché. Par conséquent, les pays cherchant à améliorer leur attractivité pour l'investissement étranger pourraient envisager d'abaisser les barrières aux échanges et à l'investissement par le biais d'une libéralisation unilatérale ou négociée, mais aussi de s'employer à aligner certains aspects de leur réglementation nationale sur les environnements réglementaires qui prévalent dans des économies plus ouvertes et plus accueillantes pour l'IDE.

L'investissement étranger procure différents avantages à l'économie qui en bénéficie, en agissant sur des leviers économiques, sociaux et politiques. Tout d'abord, les EMN créent des emplois en recrutant des employés locaux. Ensuite, l'activité multinationale est souvent associée à des transferts de compétences et de technologies. En effet, les filiales étrangères emploient parfois des techniques de production plus avancées, qui peuvent se diffuser dans l'économie locale, contribuant ainsi non seulement à l'amélioration des compétences de la main-d'œuvre locale mais aussi au renforcement des incitations à l'innovation dans l'ensemble d'un secteur. Le pays d'accueil pourrait aussi bénéficier de services plus diversifiés, de meilleure qualité et, dans des conditions réglementaires favorables, à des prix plus avantageux que les substituts locaux ou importés.

Enfin, les EMN étendent souvent leurs activités bien au-delà des frontières géographiques du pays d'accueil, ce qui contribue à stimuler la propre activité d'exportation du pays d'accueil. Les filiales étrangères servent, à un degré notable, de plateformes d'exportation, fournissant en particulier des services financiers, informatiques, de transport et de distribution non seulement au marché d'accueil mais aussi à des pays tiers (encadré 3.5).

Encadré 3.5. **Plateformes IDE-exportation : le cas des filiales américaines et japonaises**

Le phénomène des plateformes IDE-exportation est l'un des liens entre attractivité d'un marché pour l'IDE et performance des échanges. Dans ce modèle opérationnel, les MNE ouvrent des filiales à l'étranger non seulement pour fournir des services à la clientèle locale, mais aussi pour établir des pivots régionaux ou des centres de services spécialisés pour les filiales de leur groupe implantées sur les marchés voisins.

Les filiales étrangères des EMN de services américaines sont le plus souvent créées pour desservir le pays d'accueil : en moyenne, plus de 70 % de leurs ventes totales répondent à la demande locale (graphique 3.14). Cependant, les filiales étrangères de sociétés américaines non spécialisées dans les services sont davantage engagées dans les exportations et les échanges intragroupe, qui représentent ensemble plus de la moitié de leur activité totale. Il semble donc que les filiales de services étrangères d'EMN manufacturières soient en grande partie créées pour soutenir la production de la société mère ou pour atteindre de nouveaux marchés en faisant fonction de pôles de distribution.

De même, l'activité des filiales étrangères de sociétés japonaises qui est orientée vers le siège ou vers des marchés tiers est comprise entre 40 et 50 % du chiffre d'affaires total des filiales étrangères, selon l'activité principale de la société mère. Ainsi, les EMN japonaises, quelle que soit leur activité de base, paraissent suivre une stratégie consistant à établir des têtes de pont régionales afin d'étendre leur activité au-delà de leur marché d'accueil.

Néanmoins, la création de filiales de services à l'étranger répond à des buts très différents d'un secteur à l'autre (graphique 3.15). Dans des secteurs tels que la construction, la logistique et les télécommunications, les entreprises japonaises créent des filiales étrangères avant tout pour mieux s'implanter sur le marché d'accueil. Mais dans certains secteurs, les EMN japonaises créent des filiales à l'étranger non seulement pour répondre à la demande locale mais surtout pour disposer d'un tremplin pour l'exportation. Ce phénomène de plateforme pour l'exportation prévaut surtout dans les services financiers et les transports. Dans ce dernier secteur, les exportations destinées au pays du siège représentent près d'un quart du chiffre d'affaires total des filiales. Ajoutées aux exportations vers des pays tiers, elles constituent plus de 70 % des ventes des filiales. Dans les services financiers, les exportations vers des pays tiers représentent les deux tiers des ventes des filiales étrangères.

Encadré 3.5. **Plateformes IDE-exportation : le cas des filiales américaines et japonaises** *(suite)*

Les ventes passant par des plateformes d'exportation concernent aussi les services informatiques et la distribution, avec respectivement 37 et 38 % du chiffre d'affaires des filiales. Ces données indiquent que les EMN japonaises établissent souvent un réseau de succursales à l'étranger pour développer leur clientèle aussi bien localement que dans les pays voisins, mais aussi pour assurer des fonctions d'appui à l'activité du groupe.

Graphique 3.14. **Ventilation des ventes des filiales étrangères, par destination finale**

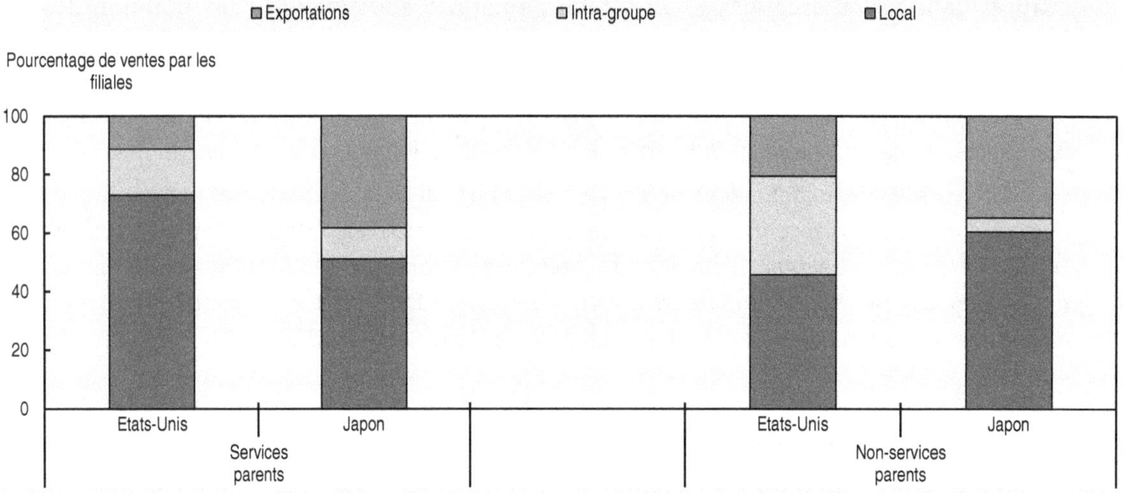

Note : Les tranches représentent, respectivement, le pourcentage des ventes des filiales étrangères qui sont destinées aux marchés locaux (local), à la société mère (intragroupe) et à des pays tiers ou à des entités non liées dans le pays d'origine (export). Moyenne sur l'ensemble des secteurs pour les périodes 2008-12 pour les États-Unis et 2008-13 pour le Japon.
Source : Calculs OCDE d'après les données du bureau américain de l'analyse économique et du ministère japonais de l'Économie, du Commerce et de l'Industrie.

Graphique 3.15. **Ventilation des ventes des filiales étrangères d'entreprises japonaises, par secteur, 2008-13**

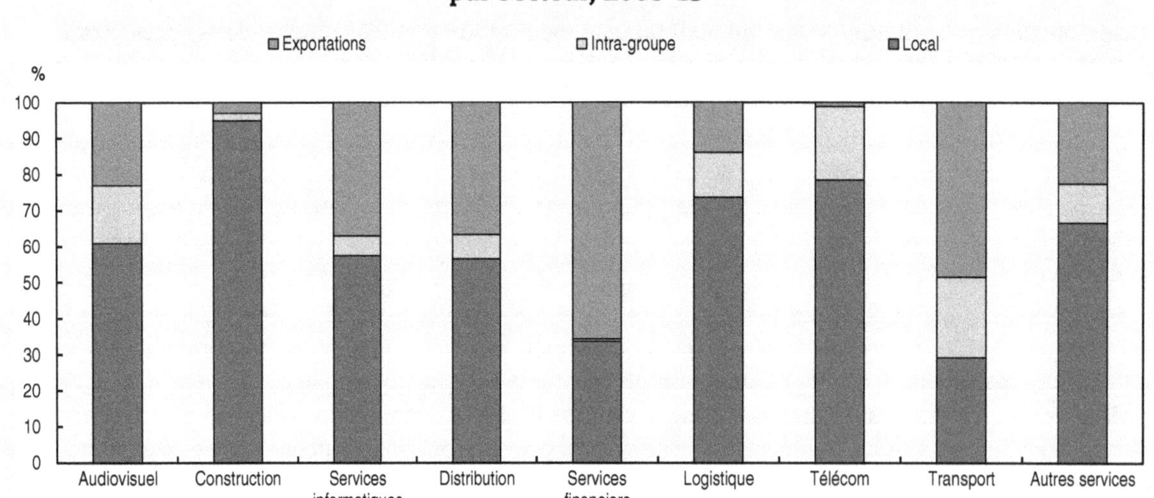

Note : Les tranches représentent le pourcentage des ventes des filiales étrangères de sociétés japonaises qui sont destinées aux marchés locaux (local), à la société mère (intragroupe) et à des pays tiers ou à des entités non liées dans le pays d'origine (export).
Source : Calculs OCDE d'après les données du ministère japonais de l'Économie, du Commerce et de l'Industrie.

La libéralisation des échanges de services favorise la compétitivité de l'économie locale

Un marché des services ouvert est essentiel à la compétitivité du marché intérieur et à la croissance de la productivité. Cette section a mis en évidence les deux principales voies par lesquelles des marchés ouverts procurent des avantages à l'ensemble de l'économie. La libéralisation des échanges de services a le potentiel de stimuler la performance d'un pays à l'exportation en attirant l'investissement étranger. Les entreprises étrangères se traduisent par d'autres avantages pour le marché d'accueil, sous la forme de nouvelles possibilités d'emploi ainsi que de transferts de compétences et de technologies.

Par ailleurs, il est probable que l'atténuation des restrictions aux échanges de services influe sur les exportations en renforçant la compétitivité des entreprises existantes, tant dans le secteur des services que dans les industries manufacturières en aval. Les nouveaux entrants incitent les prestataires de services locaux à devenir plus efficients et plus innovants pour préserver leurs parts de marché. Le fait de devenir plus productives peut encourager les entreprises locales à se lancer sur de nouveaux marchés étrangers. Parallèlement, les entreprises moins compétitives et inefficientes peuvent se trouver évincées du marché lorsqu'elles ne sont plus protégées par des mesures protectionnistes. Si l'ajustement requis peut être coûteux à court terme, il recèle le potentiel de déclencher une réallocation des ressources, beaucoup plus efficiente, en faveur des entreprises plus performantes qui ont de solides perspectives de croissance.

Conséquences pour la politique commerciale

Ce chapitre a examiné l'ampleur, la nature et l'impact des coûts qu'entraînent des politiques restrictives en matière d'échanges de services. Les nouvelles données qu'il présente sont destinées à informer les responsables des politiques commerciales quant aux effets probables de réformes réglementaires unilatérales ou concertées et à les aider à hiérarchiser les priorités à cet égard. Les principales conclusions qui se dégagent de cette analyse sont les suivantes.

- Les restrictions aux échanges de services qui existent à l'heure actuelle ont clairement pour effet de freiner le commerce et l'investissement transfrontières. Il existe une marge considérable de réduction du coût des échanges dans les grands secteurs de services par le démantèlement des mesures discriminatoires à l'encontre des prestataires étrangers, mais il y aurait encore plus à gagner d'une amélioration concomitante de la réglementation intérieure générale en matière de concurrence et de transparence.
- Lorsque les obstacles explicites aux échanges diminuent, le coût de la mise en conformité avec une réglementation différente dans chaque juridiction devient plus lourd pour les entreprises internationales. Il existe de nombreux moyens par lesquels la coopération en matière de réglementation peut faciliter l'activité des exportateurs tout en préservant une bonne protection des consommateurs et en poursuivant d'autres objectifs de politique publique. Cependant, lorsqu'il persiste de fortes restrictions explicites aux échanges de services, il est essentiel de les atténuer pour que la coopération en matière de réglementation puisse faire une différence substantielle.
- Les exportateurs plus petits et moins expérimentés doivent supporter un coût plus lourd lorsque l'environnement réglementaire est plus restrictif. Pourtant, de plus en plus souvent, les petites entreprises récemment créées ont besoin d'aller chercher des opportunités à l'étranger, face à une demande stagnante sur le marché intérieur et compte tenu des économies d'échelle croissantes qu'offre la transition numérique.

L'ouverture des marchés de services profiterait avant tout au segment des PME, premier créateur d'emplois.

- Les modèles opérationnels de la prestation de services sont complexes, impliquant souvent plusieurs modes combinés, la vente liée de biens et de services, ou encore une association de produits numériques et d'interactions face à face. Les politiques publiques devraient éviter autant que possible de déformer ces modèles opérationnels, notamment en adoptant une approche équilibrée à l'égard des différents modes de fourniture à travers les politiques d'échanges, d'investissement et de concurrence.
- Le secteur des services est diversifié, avec de multiples différences sur le plan des modèles opérationnels, des conditions de concurrence et des cadres réglementaires représentant les meilleures pratiques. L'optimisation des bienfaits des réformes passe par des conseils ciblés permettant de repérer les principaux obstacles, en tenant compte de la fraction évitable du coût des échanges dans chaque secteur, de l'ampleur des divergences entre la réglementation sectorielle du pays et celle des principaux partenaires commerciaux, ainsi que des répercussions sur les segments économiques en aval.
- Réformer les échanges de services procure des avantages aux consommateurs mais renforce aussi la productivité et la performance de l'économie nationale. Sous la pression de la concurrence, les sociétés de services sont poussées à innover et à offrir à leur clientèle les solutions les plus efficaces en fonction des coûts. Les industries manufacturières modernes consomment beaucoup de services en tant que moyens de production intermédiaires, et leur compétitivité repose sur l'accès à des prestataires de services à la pointe du progrès et au meilleur prix. Les pays dont l'environnement réglementaire est plus favorable et transparent sont aussi plus attrayants pour l'IDE, ce qui stimule l'activité économique, l'emploi et les exportations.
- Il est cependant peu probable que les avantages à tirer de la libéralisation des échanges de services puissent se concrétiser sans perturbation temporaire des marchés du travail. Pour que les gains des échanges se matérialisent, il faudra que certaines entreprises disparaissent tandis que d'autres, plus performantes, se développeront. Les réformes visant à renforcer la concurrence dans les services fonctionnent au mieux pour la société si elles s'accompagnent de filets de sécurité efficaces et de politiques actives du marché du travail. De telles politiques doivent être conçues de façon à atténuer les effets néfastes à court terme pour les travailleurs qui peuvent perdre leur emploi, à multiplier leurs chances de trouver un nouvel emploi et à faire en sorte qu'il soit plus intéressant et moins risqué de créer une nouvelle activité.

Notes

1. Le présent chapitre s'inspire des conclusions dégagées par Arbache et al. (2016), Benz (2017), Benz et al. (2017), Miroudot et Pertel (2015), Nordås (2016), Nordås et Rouzet (2015), Rouzet et al. (2016), et Rouzet et Spinelli (2016).
2. La période couverte par l'IRES et par les données disponibles sur les échanges et l'investissement ne permet pas de déterminer le coût pour les échanges des changements de politiques au sein des pays au fil du temps. Les estimations présentées dans ce chapitre sont établies à partir des différences de politiques d'un pays à l'autre et sont donc plus appropriées pour représenter le potentiel à long terme des réformes réglementaires.
3. L'IRES moyen dans les secteurs étudiés s'établit à 0.29 pour les services de messagerie, 0.24 pour la banque commerciale, 0.23 pour les télécommunications et 0.23 pour la construction.

4. Dans les autres secteurs, on manque de données pour mener une analyse suffisamment robuste, ou alors les coefficients qui en résultent ne sont pas significatifs. Les incertitudes statistiques et le manque d'informations précises sur la sensibilité de la demande d'importations aux variations des prix impliquent de se limiter à une fraction seulement des estimations de ces coûts.
5. Ces résultats se fondent sur des données confidentielles au niveau des entreprises qui couvrent les filiales étrangères de sociétés mères sises en Allemagne, aux États-Unis, en Finlande et au Japon.
6. L'IRES moyen dans les secteurs étudiés s'établit à 0.30 pour les services de transport, 0.23 pour les services informatiques, 0.23 pour les télécommunications, 0.19 pour la distribution, 0.23 pour les services financiers et 0.23 pour la construction.
7. L'analyse de cette sous-section est tirée de Miroudot et Cadestin (2017). Le concept d'atelier et de réseau de valeur a été imaginé par Stabell et Fjelstad (1998).
8. Ces estimations décrivent le niveau moyen du coût des échanges sur l'ensemble des secteurs, et peuvent recouvrir des variations significatives d'un secteur à l'autre. Par conséquent, il se peut que le coût des échanges qui est imputable aux différences de réglementation soit considérablement plus élevé dans certains secteurs.
9. Les restrictions aux échanges relèvent les prix de deux façons : les barrières à l'entrée créent une rente pour les entreprises en place, car elles peuvent facturer des prix plus élevés tant qu'elles sont protégées de la concurrence des importations et de l'entrée potentielle de nouveaux fournisseurs ; et un excès de réglementation accroît le coût de la mise en conformité pour les entreprises établies, coût qui peut être répercuté sur les prix. D'une façon ou d'une autre, ces restrictions font naître un coût qui est semblable à une taxe sur les ventes, supportée par les consommateurs et les entreprises en aval.

Références

Arbache, J., D. Rouzet et F. Spinelli (2016), « The role of services for economic performance in Brazil », *Documents de travail de l'OCDE sur la politique commerciale*, n° 193, Éditions OCDE, Paris, *http://dx.doi.org/10.1787/5jlpl4nx0ptc-en*.

Benz, S. (2017), « Services trade costs: Tariff equivalents of services trade restrictions using gravity estimation », *Documents de travail de l'OCDE sur la politique commerciale*, n° 200, Éditions OCDE, Paris, *http://dx.doi.org/10.1787/dc607ce6-en*.

Benz, S., A. Khanna et H. Nordås (2017), « Services and performance of the Indian economy: Analysis and policy options », *Documents de travail de l'OCDE sur la politique commerciale*, n° 196, Éditions OCDE, Paris, *http://dx.doi.org/10.1787/9259fd54-en*.

Lodefalk, M. et H.K. Nordås (2017), « Trading firms and trading costs in services: The case of Sweden », Örebro University, School of Business, document de travail (à paraître).

Miroudot, S. et C. Cadestin (2017), « Services in global value chains: From inputs to value-creating activities », *Documents de travail de l'OCDE sur la politique commerciale*, n° 197, Éditions OCDE, Paris, *http://dx.doi.org/10.1787/465f0d8b-en*.

Miroudot, S. et K. Pertel (2015), « Water in the GATS: Methodology and results », *Documents de travail de l'OCDE sur la politique commerciale*, n° 185, Éditions OCDE, Paris, *http://dx.doi.org/10.1787/5jrs6k35nnf1-en*.

Nordås, H. (2016), « Services Trade Restrictiveness Index (STRI): The trade effect of regulatory differences », *Documents de travail de l'OCDE sur la politique commerciale*, n° 189, Éditions OCDE, Paris, *http://dx.doi.org/10.1787/5jlz9z022plp-en*.

Nordås, H. et D. Rouzet (2015), « The impact of services trade restrictiveness on trade flows: First estimates », *Documents de travail de l'OCDE sur la politique commerciale*, n° 178, Éditions OCDE, Paris, *http://dx.doi.org/10.1787/5js6ds9b6kjb-en*.

OCDE-OMC (2017), « Commerce en valeur ajoutée », *OCDE-OMC : Statistiques du commerce en valeur ajoutée* (base de données), *http://dx.doi.org/10.1787/data-00648-fr*.

Rouzet, D., S. Benz et F. Spinelli (2017), « Trading firms and trading costs in services », *Documents de travail de l'OCDE sur la politique commerciale*, à paraître.

Rouzet, D. et F. Spinelli (2016), « Services trade restrictiveness, mark-ups and competition », *Documents de travail de l'OCDE sur la politique commerciale*, n° 194, Éditions OCDE, Paris, *http://dx.doi.org/10.1787/5jln7dlm3931-en*.

Stabell, C. et Ø. Fjeldstad (1998), « Configuring value for competitive advantage: On chains, shops, and networks », *Strategic Management Journal*, vol. 19, pp. 413-437.

Chapitre 4

Les échanges de services et les politiques en la matière favorisent une croissance inclusive

Le chapitre 4 récapitule, sous l'angle des politiques à mener, les principales conclusions qui se dégagent des chapitres précédents, et formule des recommandations ciblées quant à la manière dont des stratégies coordonnées à l'échelle nationale visant à améliorer les politiques et le cadre réglementaire des échanges de services peuvent favoriser une croissance économique inclusive, la compétitivité, la productivité et l'emploi.

La transformation structurelle vers une économie de services, en cours dans tous les pays et à tous les niveaux de développement, recèle un immense potentiel d'amélioration du bien-être. Le présent ouvrage fait la synthèse des travaux récemment menés par la Direction des échanges et de l'agriculture de l'OCDE en vue d'analyser les politiques relatives aux échanges de services et de quantifier leur incidence sur le commerce des biens et des services, sur la performance des secteurs des biens et des services dans l'économie mondiale, et sur l'influence qu'exercent les restrictions aux échanges de services sur les décisions et les résultats des entreprises présentes sur les marchés internationaux.

La complexité et le dynamisme de l'activité commerciale au XXIe siècle engendrent une myriade d'interrelations entre les secteurs des services et dans l'ensemble de l'économie. Les télécommunications, l'audiovisuel et les services informatiques constituent un réseau numérique au cœur du système commercial mondial. Les services de transport, de messagerie, de logistique et de distribution forment l'épine dorsale des chaînes d'approvisionnement mondiales. Les services juridiques, comptables, assurantiels et bancaires sont indispensables au commerce et à la finance. Les services d'architecture, d'ingénierie et de construction sont, quant à eux, au fondement des infrastructures physiques. Bien souvent, la politique commerciale et la réglementation adoptées dans ces différents secteurs des services ne tiennent guère compte des effets qui en résultent pour l'ensemble de l'économie.

Dans ce contexte, les conclusions décrites ci-dessous et dans les chapitres précédents amènent à recommander aux gouvernements nationaux d'envisager l'adoption de stratégies interministérielles afin de tirer parti du potentiel prouvé qu'offrent des politiques et réformes réglementaires coordonnées dans le domaine des échanges de services. L'indice OCDE de restrictivité des échanges de services (IRES), la base de données et les outils en ligne fournissent des données et des références complètes, détaillées et comparables au sujet des meilleures pratiques mondiales, qui peuvent faciliter une telle démarche.

Des marchés de services ouverts donnent accès aux chaînes de valeur mondiales

Dans une économie moderne, de plus en plus numérique, des marchés de services ouverts et bien réglementés assurent l'accès à l'information, aux compétences, aux technologies, aux financements et aux marchés. Ainsi, les services constituent des intrants intermédiaires essentiels dans les chaînes de valeur. En effet, ils permettent de transporter les pièces et les composants jusqu'à la chaîne de montage et les produits finis jusqu'aux consommateurs ; ils sont présents dans la conception, l'ingénierie et l'innovation ; ils servent à suivre l'évolution de la demande et des goûts des consommateurs, et à transmettre ces informations aux concepteurs de produits ; ils offrent financements et assurances ; et ils permettent de se conformer aux lois et règlements en vigueur sur tous les marchés où le produit est vendu, pour ne citer que quelques-unes de leurs fonctions. Selon leur position dans la chaîne de valeur, les services intermédiaires contribuent à réduire les coûts, à améliorer la qualité et à mettre en relation fournisseurs et clients dans le monde entier, comme le montre le graphique 4.1.

Graphique 4.1. **Les services dans les chaînes de valeur**

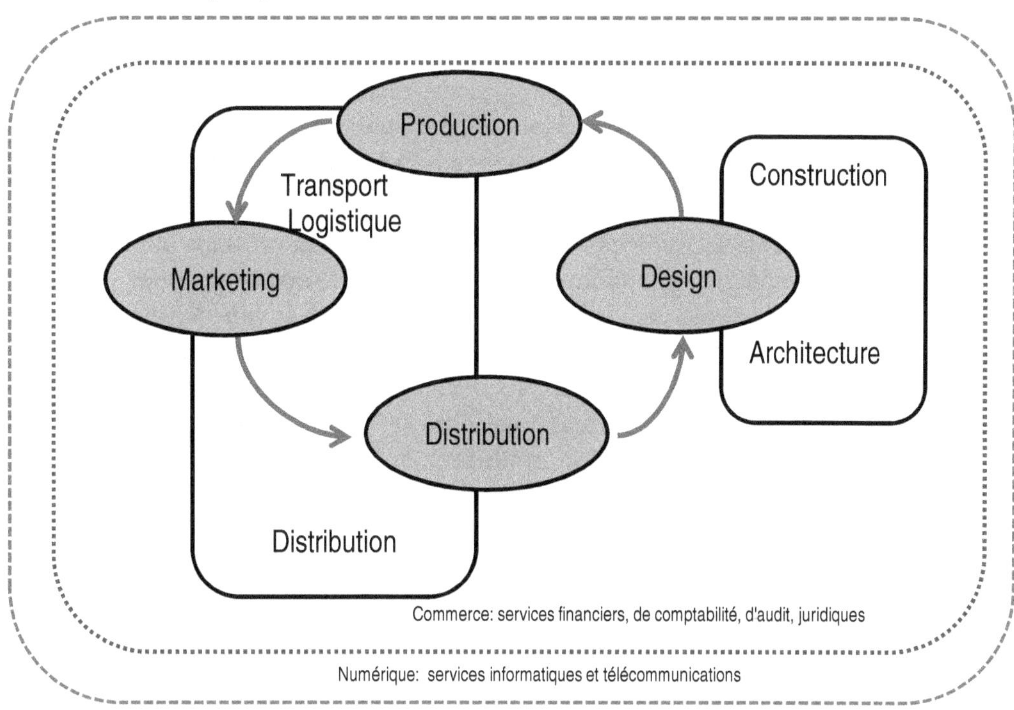

De même que l'abondance relative de main-d'œuvre qualifiée est le fondement de l'avantage comparatif dans les secteurs à forte intensité de compétences, de même une base de prestataires de services bien fournie est à la base de l'avantage comparatif dans les secteurs à forte intensité de services. Les secteurs où l'intensité de services est la plus forte sont souvent les secteurs de haute technologie. Pour s'élever dans la chaîne de valeur, par conséquent, un pays doit pouvoir compter sur un secteur local de services aux entreprises qui soit ouvert aux idées, aux compétences et aux investissements émanant d'entreprises à la pointe du progrès, où qu'elles se situent.

Un secteur de la distribution compétitif constitue un canal important pour que les entreprises, y compris les PME, puissent atteindre les consommateurs. Des réformes dans ce secteur, en particulier dans les pays émergents et en développement, peuvent encourager la création d'entreprises dans toutes sortes de secteurs productifs, y compris l'agriculture, en sus de profiter aux consommateurs.

Les réformes des services favorisent les PME

Les restrictions réglementaires aux échanges de services dissuadent de façon disproportionnée les petites entreprises et les sociétés récentes, sans expérience à l'exportation, d'affronter la concurrence sur de nouveaux marchés. Ces conclusions laissent penser que les obstacles au commerce des services consolident les parts de marché non seulement des entreprises déjà installées sur le marché intérieur, mais même des grands exportateurs en place. Des coussins de trésorerie plus confortables, des experts juridiques internes, un vaste réseau existant de partenaires commerciaux dans le pays et à l'étranger, ainsi qu'une taille permettant d'absorber des frais généraux font partie des nombreuses raisons pour lesquelles les grandes entreprises sont mieux équipées pour réussir dans des environnements réglementaires complexes et difficiles à appréhender.

Une autre preuve en est l'observation selon laquelle le coût des restrictions aux échanges de services est généralement plus faible pour les entreprises étrangères qui exportent en retour vers le pays d'origine de leur société mère multinationale. Il est ainsi permis de penser que la familiarité avec les exigences réglementaires d'un marché confère une longueur d'avance décisive dans le traitement des restrictions, et que l'amélioration de la transparence serait une avancée bénéfique vers la réduction des coûts qu'entraîne une lourde réglementation des services.

Les exemples de PME de services dites à « internationalisation rapide et précoce » qui s'implantent sur les marchés mondiaux sont suffisamment nombreux pour inspirer et déclencher des réactions des pouvoirs publics visant à promouvoir de telles activités. Néanmoins, si l'on prend du recul, force est de constater que les PME opérant à l'échelle mondiale sont relativement rares. La plupart des entreprises exportatrices de services, indépendamment de leur taille, exportent occasionnellement vers un ou plusieurs pays, et la plupart des relations d'exportation ne durent qu'un an ou deux. Le manque de persistance des PME sur les marchés internationaux semble indiquer que la mise en conformité avec la réglementation sur des marchés et dans des cultures et des langues qu'elles ne connaissent pas est peut-être au-dessus de leurs forces.

Le taux élevé d'exportations sporadiques laisse penser que la difficulté, dans l'exportation, réside non pas tant dans la pénétration d'un marché étranger que dans l'établissement d'une clientèle. La racine du problème semble être la baisse du rythme de création de jeunes pousses dans la plupart des pays de l'OCDE, conjuguée aux obstacles au passage à une échelle supérieure sur les marchés étrangers. Ce phénomène soulève de complexes problèmes pour les gouvernements qui tiennent à maintenir des normes élevées de sécurité et de protection des consommateurs tout en encourageant les PME à tirer parti des opportunités qu'offrent la technologie et la libéralisation des échanges pour s'implanter sur les marchés internationaux. Un taux d'échec élevé est inévitable lorsqu'on prend des risques dans un environnement incertain. L'existence d'un marché du capital-risque est donc nécessaire, et les programmes publics appuyant l'internationalisation des PME doivent traiter les échecs comme une composante normale de la prise de risque plutôt que comme une défaillance du programme. Cela étant, les pouvoirs publics doivent aussi prendre la mesure des défaillances du marché et recenser les options qui s'offrent pour remédier aux distorsions existantes, tout en évaluant les coûts et avantages des actions à mener.

Il est clair que le coût des restrictions aux échanges de services est supporté de façon disproportionnée par les PME, en raison de l'importance de la composante « coûts fixes ». Par conséquent, pour que la mondialisation soit au bénéfice de tous, il serait plus efficace d'abaisser, lorsque c'est possible, la charge que représente la réglementation. En outre, une coopération en matière de réglementation visant à minimiser la duplication des coûts de mise en conformité, associée à une meilleure utilisation de la technologie pour alléger les procédures administratives, seraient des démarches de nature à aider les PME. L'exportation n'est pas un objectif en soi mais, dans les cas où le marché national n'offre guère d'opportunités, elle peut représenter une stratégie attrayante pour des jeunes pousses qui réussissent et qui pourraient se développer et passer rapidement à l'échelle supérieure.

La coopération en matière de réglementation réduit les frictions commerciales

L'hétérogénéité réglementaire exerce, sur les flux d'échanges de services, une influence négative qui dépasse l'impact des restrictions aux échanges de services. À l'inverse, les pays échangent davantage avec les partenaires qui appliquent une réglementation similaire.

L'effet de l'hétérogénéité réglementaire sur le commerce est d'autant plus grand que les pays pratiquent moins de restrictions aux échanges : l'harmonisation à un faible niveau de restrictivité est associée à un solide soutien aux échanges de services, alors que l'harmonisation à un niveau de restrictions plus élevé n'offre pas d'avantages. Les accords commerciaux sont susceptibles d'avoir le plus d'effets sur les échanges lorsque i) les parties sont relativement similaires dans leur approche de la réglementation et du cadre réglementaire ; ii) la première étape consiste à réduire le niveau de restrictivité imposé aux échanges ; iii) l'abaissement du niveau de restriction va de pair avec une coopération prospective en matière de réglementation ; iv) la coopération en matière de réglementation s'intensifie avec le recul des règles restreignant les échanges ; et v) la coopération en matière de réglementation parvient à éliminer la duplication des coûts de mise en conformité pour les exportateurs.

Le mouvement des personnes physiques fait partie des échanges de services et des accords commerciaux

Le mouvement des personnes ne représente peut-être pas une grande partie des échanges de services, mais il demeure néanmoins essentiel à l'activité commerciale internationale. La mobilité des individus à travers les frontières internationales est cruciale, en particulier pour les échanges de services professionnels, lesquels sont un important vecteur de transfert des connaissances. En outre, les analyses de l'OCDE montrent que les restrictions relatives au mouvement des personnes sont associées de façon négative au chiffre d'affaires des filiales étrangères.

Pour attirer les multinationales de services étrangères, les pays doivent assouplir les règles régissant le mouvement des personnes qui est destiné à fournir un service de manière temporaire. Les voyages d'affaires pourraient être facilités par l'adoption de dispositifs efficaces et peu onéreux de traitement des visas, comme les visas électroniques. Des dispositions flexibles, comme l'octroi de licences temporaires à des professionnels pour des tâches spécifiques ou de courtes périodes, pourraient aussi être utiles dans les secteurs où des licences sont nécessaires. Des accords commerciaux internationaux comme l'Accord général sur le commerce des services (AGCS) comportent des dispositions relatives au mouvement des personnes physiques prestataires de services, catégorie distincte des migrants et des demandeurs d'emploi. Pourtant, rares sont les pays qui établissent une telle distinction dans les lois sur l'immigration et dans la réglementation.

L'économie numérique dépend des services, et fait naître de nouveaux services sur les marchés mondiaux

Les télécommunications sont certes cruciales pour la coordination et la synchronisation des chaînes d'approvisionnement manufacturières, mais la large bande constitue aussi l'infrastructure qui rend possible le commerce des services professionnels à haute intensité de connaissances en facilitant les transferts de connaissances par-delà les frontières. Les analyses de l'OCDE montrent que la libéralisation et les réformes favorisant la concurrence dans le secteur des télécommunications sont associées à une réduction substantielle du coût des échanges de services professionnels. En outre, les services qui profitent le plus de l'accès à des réseaux de télécommunications plus performants et moins coûteux sont des services spécialisés, haut de gamme, ou personnalisés.

La présence de réseaux à haute capacité et à des prix compétitifs est une condition nécessaire mais non suffisante pour assurer la transition numérique des services à forte intensité de connaissances. L'accès aux professions et aux services qu'ils offrent est lui aussi essentiel. L'octroi de licences par des organes autoréglementés crée des barrières à l'entrée, limite l'offre et élève les prix des professions réglementées. En outre, comme les exigences de qualifications diffèrent selon les pays, les États et les territoires, les accords de reconnaissance mutuelle peuvent être complexes à négocier et encore plus difficiles à faire respecter. L'accord économique commercial global (AECG) récemment conclu entre l'Union européenne et le Canada, par exemple, prévoit un cadre dans lequel les autorités de réglementation négocieront des accords de reconnaissance mutuelle pour les professions qui « réglementées dans chaque Partie, y compris dans l'ensemble ou une partie des États membres de l'Union européenne, et dans l'ensemble ou une partie des provinces et territoires du Canada. [article 11.2] » Ainsi, malgré l'existence d'un accord commercial global, il reste des obstacles potentiels à surmonter avant que les professionnels puissent offrir leurs services dans toutes les entités membres de l'AECG.

La numérisation et la standardisation des tâches empiètent de plus en plus sur les domaines réservés des professionnels licenciés. Pour que les gros fabricants et les PME, où qu'ils soient, puissent avoir accès à des services professionnels à haute intensité de connaissances, il convient de passer en revue les activités qui ont vraiment besoin d'être protégées par une licence, de déterminer si l'octroi des licences pourrait être confié à un organisme indépendant et d'approfondir la coopération internationale en matière de réglementation. Des exemples d'une telle coopération sont les normes comptables internationales, ou encore l'accord de l'APEC reconnaissant « l'équivalence substantielle » des compétences professionnelles en ingénierie. Pour que le marché des services à forte intensité de connaissances fonctionne correctement, les professionnels doivent être autorisés à déployer du personnel auprès de leurs clients en tant que besoin et pour accumuler, transférer, stocker et analyser des données pour aider leurs clients de manière rentable.

Des marchés de services ouverts et bien réglementés favorisent une croissance inclusive

Une meilleure compréhension du rôle des échanges de services et des politiques y afférentes dans les économies nationales et dans le système commercial mondial revêt une importance particulière en cette époque d'incertitude quant au rôle de la mondialisation et de la technologie dans un contexte d'aggravation des inégalités de revenus et de richesse. Ce phénomène s'accentue, à un degré plus ou moins grand, dans le monde entier, mais les pays accusent des différences substantielles dans leur capacité à rendre la croissance inclusive.

À long terme, la source première de croissance économique est le progrès technologique. La révolution des TIC qui est en cours va de pair avec l'ouverture aux échanges, aux investissements, aux informations et aux idées, et elles ne seraient pas possibles l'une sans l'autre. Ainsi, le développement technologique et la mondialisation sont les deux faces d'une même médaille. En effet, le développement technologique repose sur un accès mondial aux savoirs ainsi qu'aux réseaux, aux biens et aux services qui font circuler ces connaissances autour du monde. En outre, l'échelle qu'offrent des marchés ouverts accroît souvent les rendements de l'innovation. À l'inverse, la technologie a permis d'abaisser considérablement les coûts des échanges et des transactions, bien souvent davantage que la levée des obstacles aux échanges induits par les politiques publiques.

Cette articulation entre TIC et mondialisation, à l'instar des révolutions technologiques qui l'ont précédée, fait naître de nouveaux produits et modèles opérationnels. Dans ce contexte, les réformes de l'éducation sont essentielles pour assurer une meilleure adéquation entre travailleurs et emplois. L'éducation et la formation des adultes, ainsi que la formation à la création d'entreprises au sein de l'enseignement professionnel, sont des composantes importantes de ces réformes (OCDE, 2016). Enfin, des filets de sécurité de base bien conçus, en matière de santé, de pensions et de chômage, améliorent la mobilité de la main-d'œuvre et favorisent la création d'entreprises. En présence de tels dispositifs, restructurer des entreprises, changer d'emploi et créer une entreprise présentent plus d'attraits et moins de risques.

Références

OCDE (2016), *L'importance des compétences : Nouveaux résultats de l'évaluation des compétences des adultes*, Études de l'OCDE sur les compétences, Éditions OCDE, Paris, *www.oecd.org/fr/competences/piaac/l-importance-des-competences-9789264259492-fr.htm*.

OCDE (2013), *Lignes directrices régissant la protection de la vie privée et les flux transfrontières de données de caractère personnel*, OCDE, Paris, *www.oecd.org/fr/sti/ieconomie/lignesdirectricesregissantlaprotectiondelavieprivee etlesfluxtransfrontieresdedonneesdecaracterepersonnel.htm*.

Les politiques d'échanges de services dans une économie mondialisée

ANNEXE

Indices IRES par secteur

Le réseau numérique

Graphique A.1. **Les télécommunications, 2016**

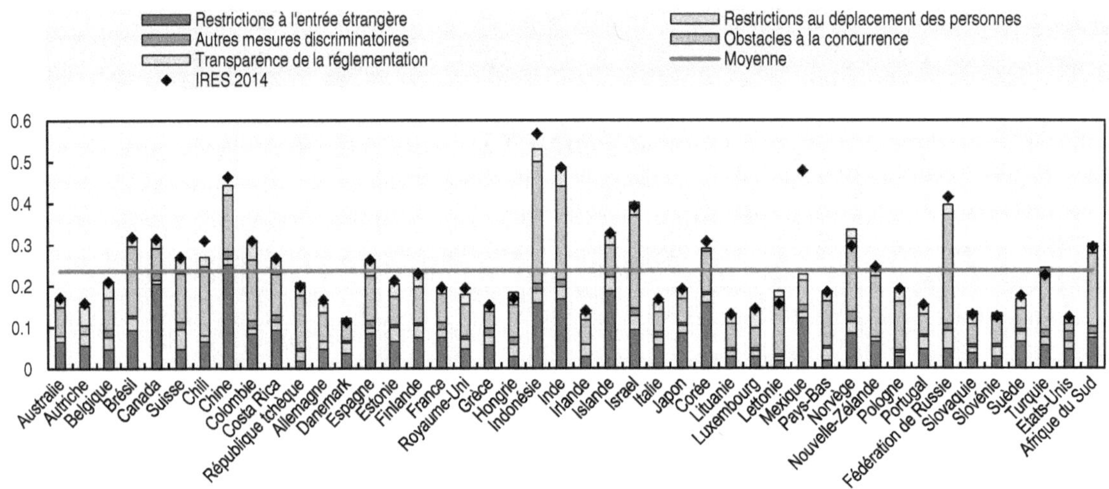

Graphique A.2. **Télévision et services de diffusion, 2016**

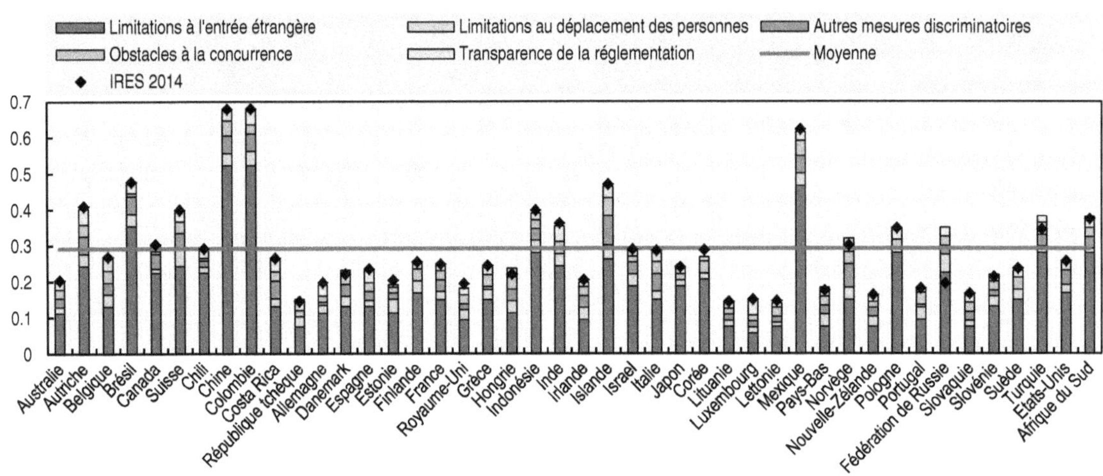

Graphique A.3. **Cinéma, 2016**

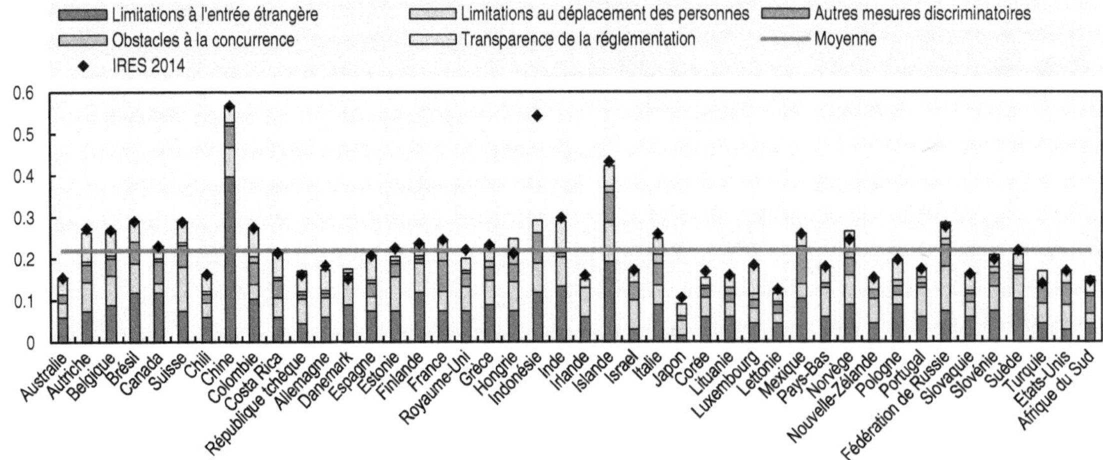

Graphique A.4. **Enregistrement sonore, 2016**

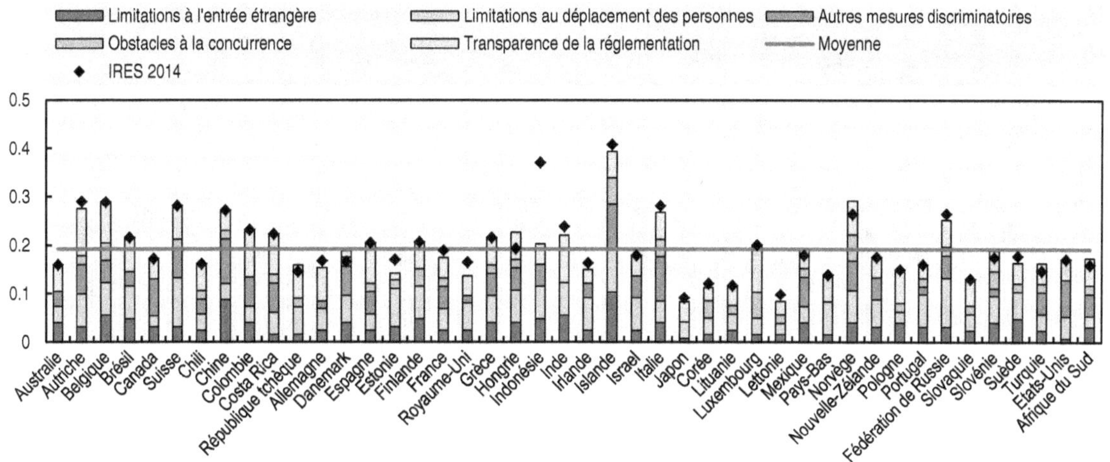

Graphique A.5. **Services informatiques, 2016**

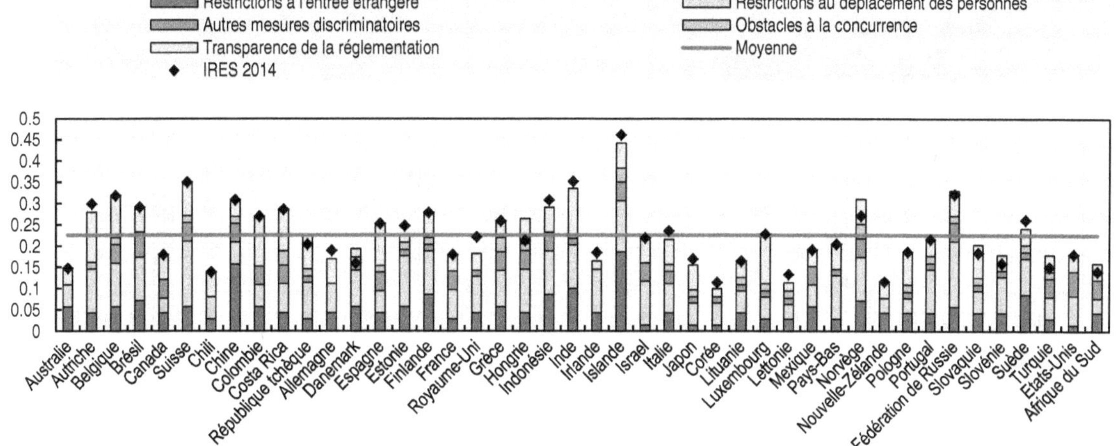

La chaîne de transport et de distribution

Graphique A.6. **Transport aérien, 2016**

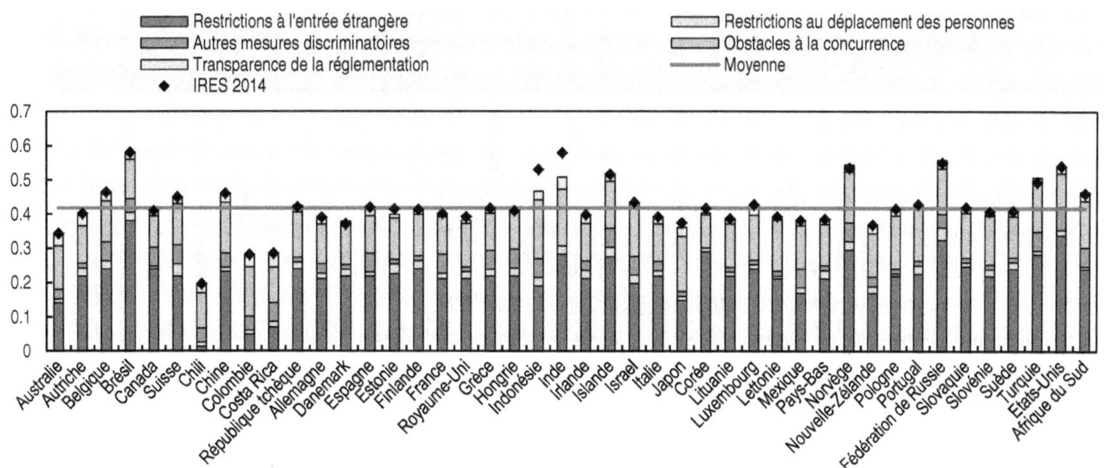

Graphique A.7. **Transport maritime, 2016**

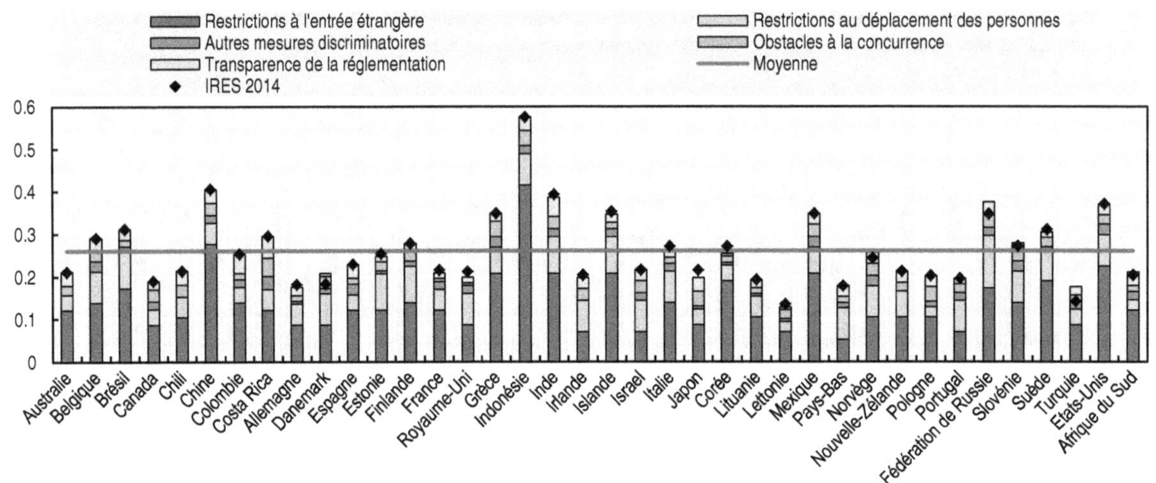

Graphique A.8. **Transport ferroviaire, 2016**

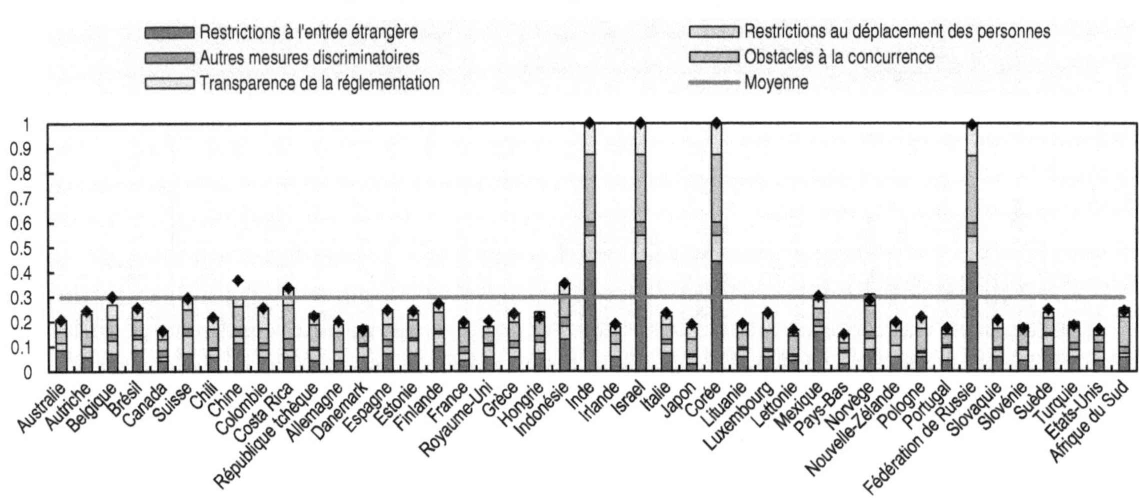

Graphique A.9. **Transport routier, 2016**

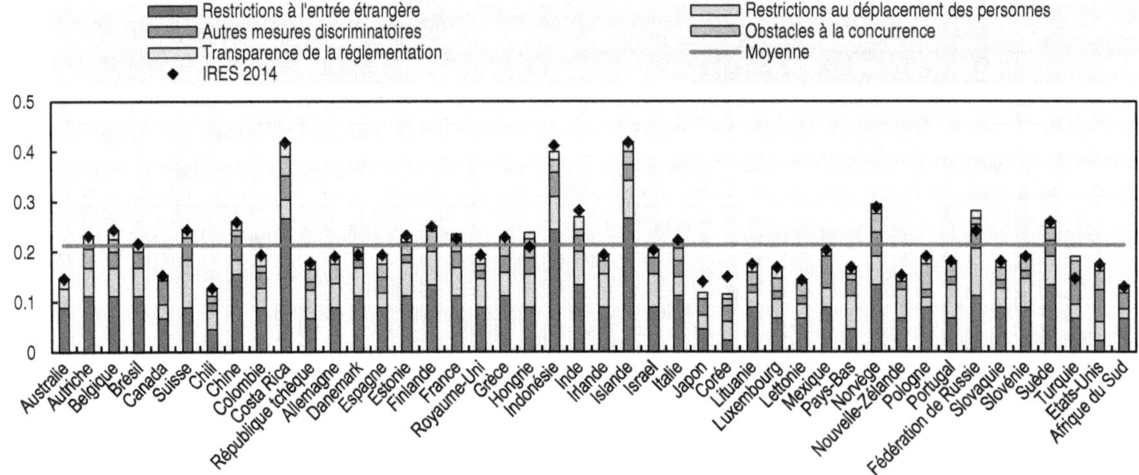

Graphique A.10. **Poste et messagerie, 2016**

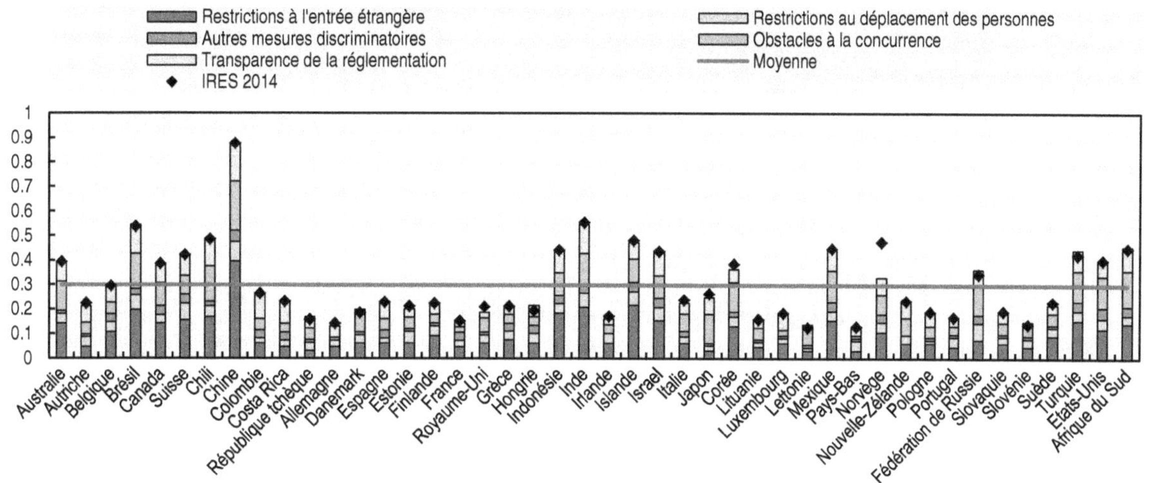

Graphique A.11. **Distribution, 2016**

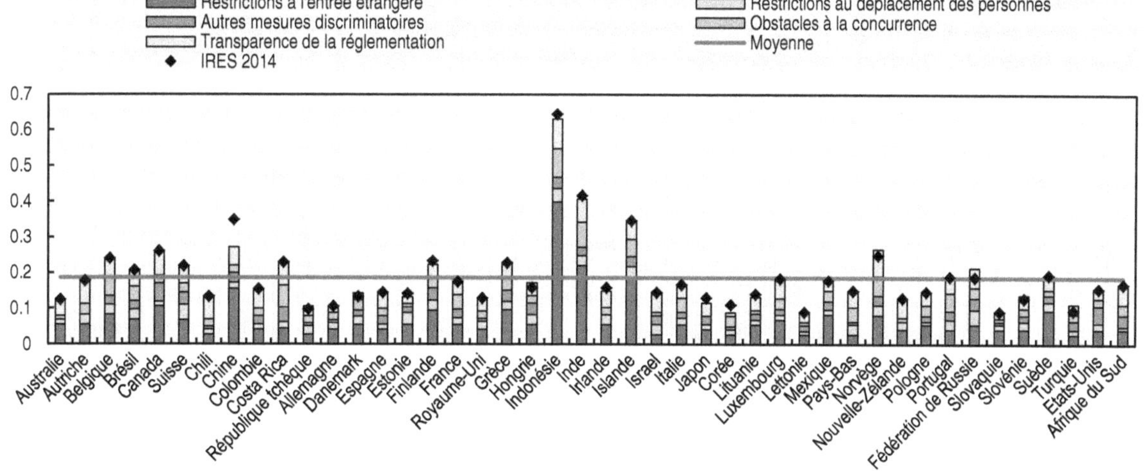

Graphique A.12. **Services logistiques de manutention de marchandises, 2016**

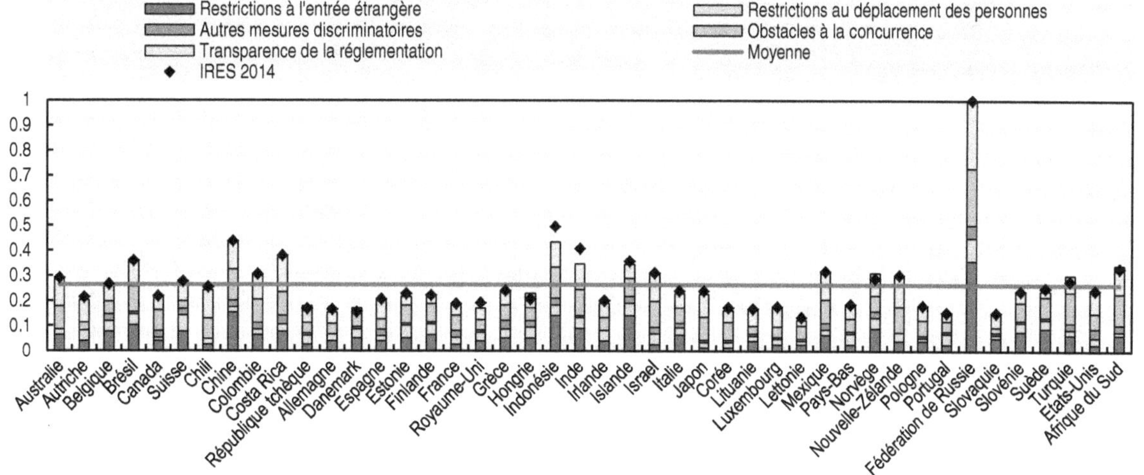

Graphique A.13. **Services logistiques de stockage et l'entreposage, 2016**

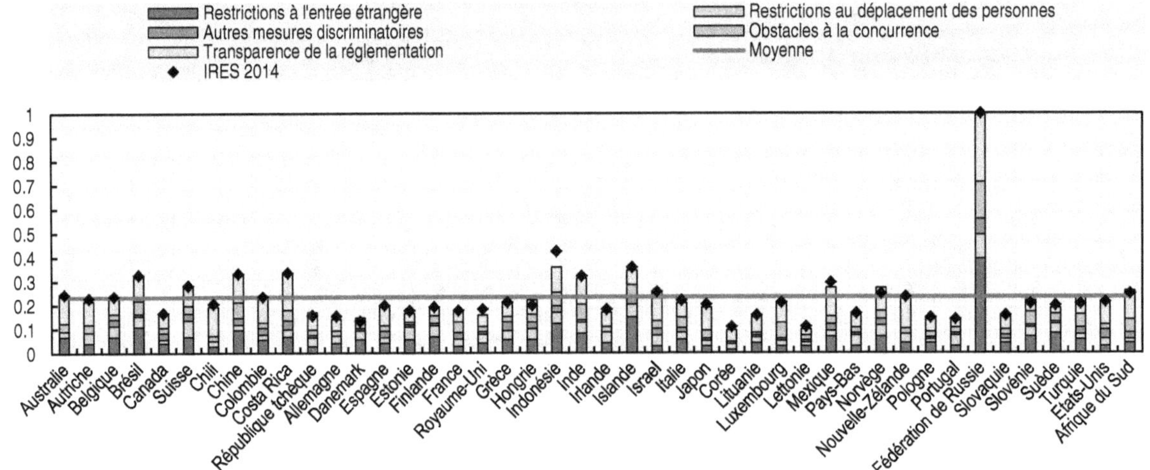

Graphique A.14. **Services logistiques transitaires, 2016**

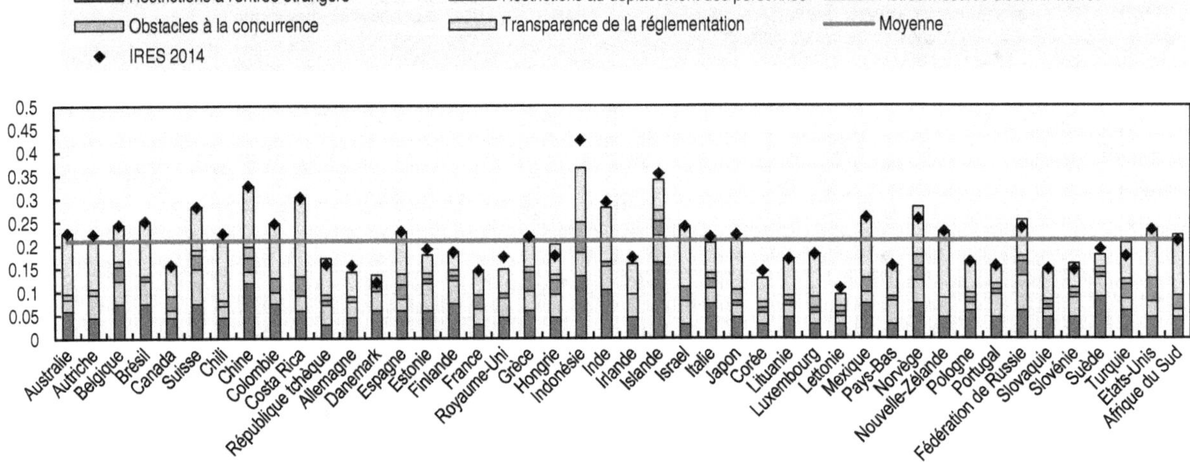

Graphique A.15. **Services logistiques de courtage en douane, 2016**

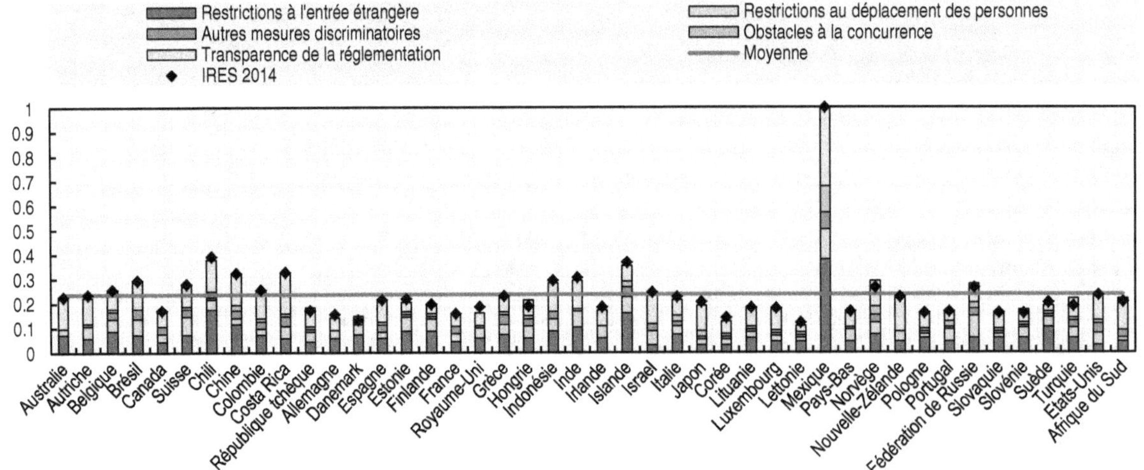

Services d'intermédiation et de soutien

Graphique A.16. **Banques commerciales, 2016**

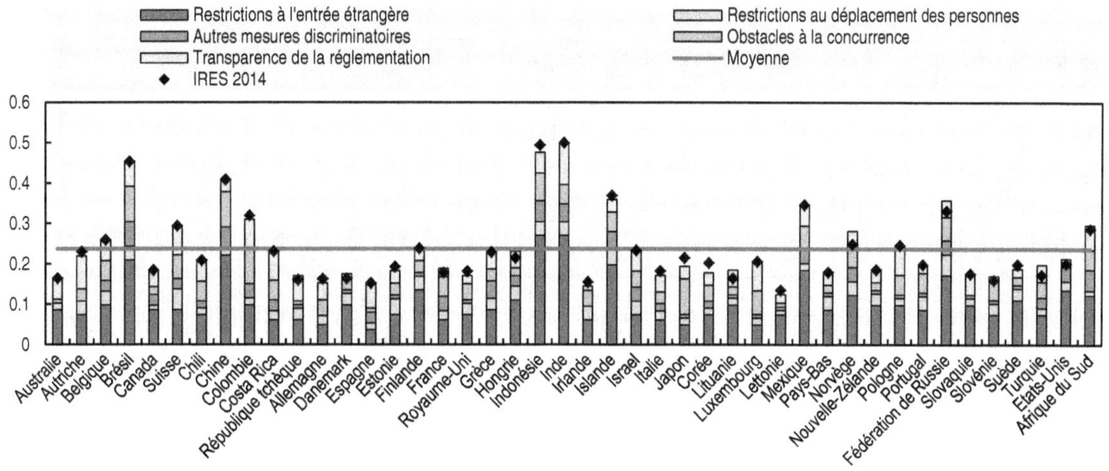

Graphique A.17. **Assurance, 2016**

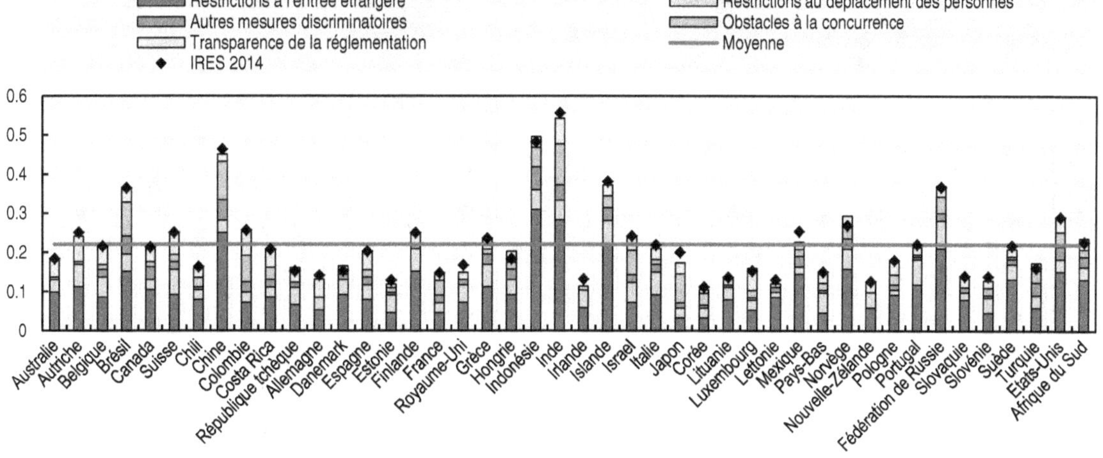

Graphique A.18. **Services juridiques, 2016**

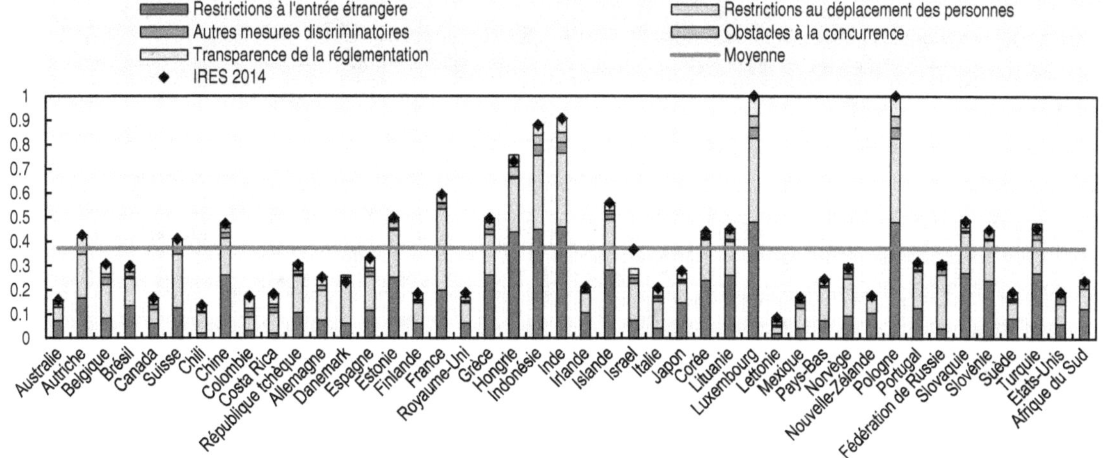

Graphique A.19. **Services de comptabilité, 2016**

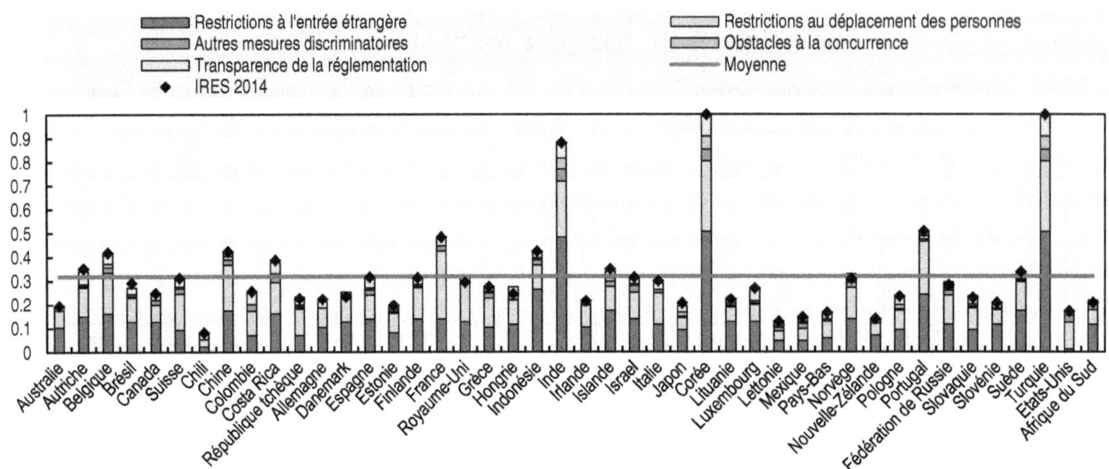

Services d'infrastructure matérielle

Graphique A.20. **Construction, 2016**

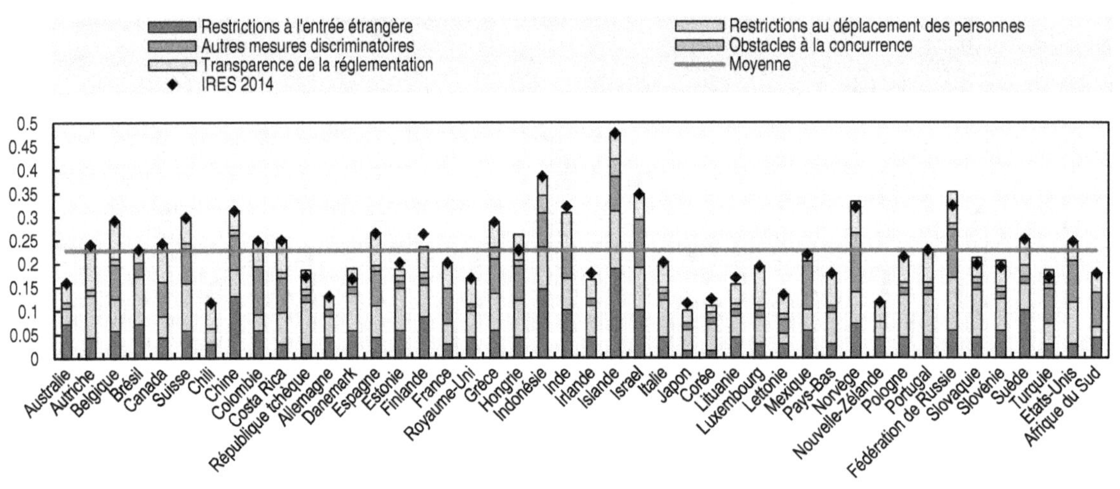

Graphique A.21. **Architecture, 2016**

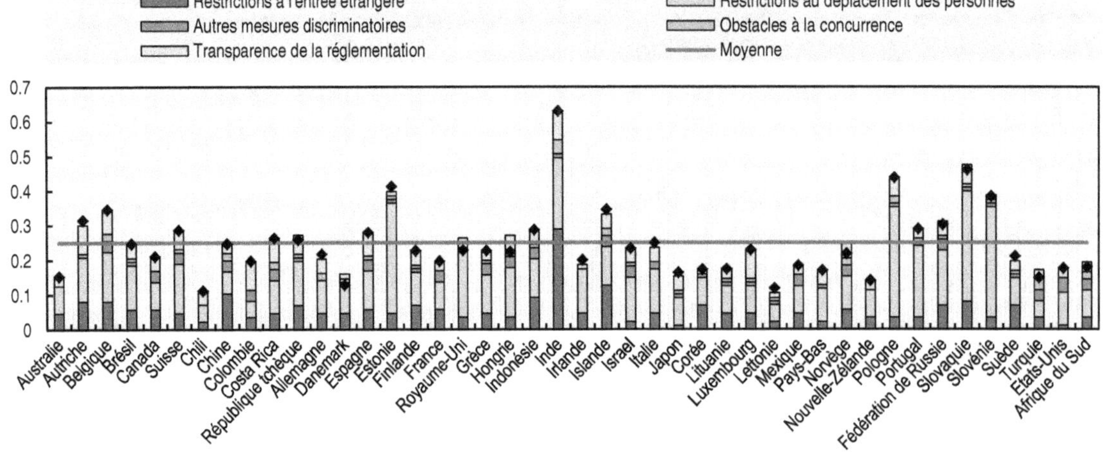

Graphique A.22. **Ingénierie, 2016**

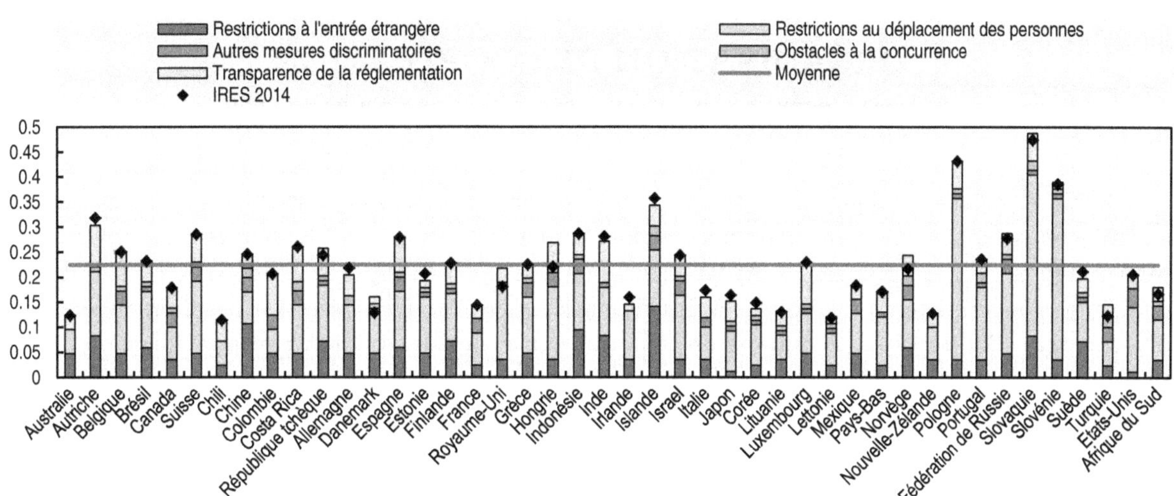

ORGANISATION DE COOPÉRATION ET DE DÉVELOPPEMENT ÉCONOMIQUES

L'OCDE est un forum unique en son genre où les gouvernements œuvrent ensemble pour relever les défis économiques, sociaux et environnementaux que pose la mondialisation. L'OCDE est aussi à l'avant-garde des efforts entrepris pour comprendre les évolutions du monde actuel et les préoccupations qu'elles font naître. Elle aide les gouvernements à faire face à des situations nouvelles en examinant des thèmes tels que le gouvernement d'entreprise, l'économie de l'information et les défis posés par le vieillissement de la population. L'Organisation offre aux gouvernements un cadre leur permettant de comparer leurs expériences en matière de politiques, de chercher des réponses à des problèmes communs, d'identifier les bonnes pratiques et de travailler à la coordination des politiques nationales et internationales.

Les pays membres de l'OCDE sont : l'Allemagne, l'Australie, l'Autriche, la Belgique, le Canada, le Chili, la Corée, le Danemark, l'Espagne, l'Estonie, les États-Unis, la Finlande, la France, la Grèce, la Hongrie, l'Irlande, l'Islande, Israël, l'Italie, le Japon, la Lettonie, le Luxembourg, le Mexique, la Norvège, la Nouvelle-Zélande, les Pays-Bas, la Pologne, le Portugal, la République slovaque, la République tchèque, le Royaume-Uni, la Slovénie, la Suède, la Suisse et la Turquie. L'Union européenne participe aux travaux de l'OCDE.

Les Éditions OCDE assurent une large diffusion aux travaux de l'Organisation. Ces derniers comprennent les résultats de l'activité de collecte de statistiques, les travaux de recherche menés sur des questions économiques, sociales et environnementales, ainsi que les conventions, les principes directeurs et les modèles développés par les pays membres.

ÉDITIONS OCDE, 2, rue André-Pascal, 75775 PARIS CEDEX 16
(22 2017 01 2 P) ISBN 978-92-64-28805-8 – 2017

www.ingramcontent.com/pod-product-compliance
Lightning Source LLC
LaVergne TN
LVHW081410110826
845149LV00010B/1688
* 9 7 8 9 2 6 4 2 8 8 0 5 8 *